南怀瑾

答问青壮年参禅者

人民东方出版传媒
東方出版社

编者的话

南怀瑾先生是近年来享誉国内外，特别是华人读者中的文化大师、国学大家。先生出身于书香世家，自幼饱读诗书，遍览经史子集，为其终身学业打下坚实基础；而其一生从军、执教、经商、游历、考察、讲学的经历又是不可复制的特殊经验，使得先生对国学钻研精深，体认深刻。先生于中华传统文化之儒、道、佛皆有造诣，更兼通诸子百家、诗词曲赋、天文历法、医学养生，等等，对西方文化亦有深刻体认，在中西文化界均为人敬重，堪称“一代宗师”。书剑飘零大半生后，先生终于寻根溯源返归故里，建立学堂，亲自讲解传授，为弘扬、传承和复兴民族文化精华和人文精神不遗余力，其情可感，其心可佩。

2005 年 12 月 16 日至 19 日，南先生在上海主持了一个禅学修行讨论班，参与者包括多位来自名山古刹的出家僧众以及在家居士，本书即是听讲者的提问以及随后的讨论、讲述记录。这些问题，都是各人在修行路途中产生的，每个参禅者都可能遇到。南先生因人施教，分别予以解答，也是为众多参禅者指点迷津。他又通过回忆自身修行过程中的感悟和轶事，向众人指示了可能达到的诸般境界。

在整个讲授和讨论过程中，南先生历数了自古以来居士对于传播佛法的贡献，简要概述了佛法在古印度和中国的发展过程，详细介绍了禅堂中修行的规矩，如打坐的姿势、行香的方法、香板的使用，等等。更具体传授六妙门的修法，解说呼吸法门初步的实修方法以及诸多有关修持上的盲点，指示修安那般那是最快成就的捷径。他特别批评有的学者只注重佛理的研究而轻视实证，主张教理和修持并重。总之，作为学佛者中的善知识，南先生的引导、鼓励、扶持甚至训斥，将使广大听众和读者受益终生。

我社与南怀瑾先生结缘于太湖大学堂。出于对中华优秀传统文化的共同认识和传扬中华文明的强烈社会责任感、紧迫感，承蒙南怀瑾先生及其后人的信任和厚爱，独家授权，我社遵南师遗愿，对已在大陆出版过的简体字版作品进行重新整理和修订，陆续推出，力求贴近原讲原述，还原作品原貌。作为一代国学宗师，南怀瑾先生“通古今之变，成一家之言”，毕生致力于民族振兴和改善社会人心。我社深感于南先生的大爱之心，谨遵学术文化“百花齐放，百家争鸣”之原则，牢记出版人的立场和使命，尽力将大师思想和著述如实呈现读者。其妙法得失，还望读者自己领会。

东方出版社

二〇一四年三月

目　录

第二天

二〇〇五年十二月十七日

第三天

二○○五年十二月十八日

第四天

二〇〇五年十二月十九日

出版说明

在南师怀瑾先生说法指导修行者的岁月中，这本书的记录内容，是最为引人入胜的。因为，这里参加的，多数是认真修持的出家僧众。

一般爱好佛法的人，都听了很多经典的讲解，自己不免觉得明白了，好像都知道了，也许自己也在修持；但是，如果看了这本书中南师与行者的对话，你的悟解和感受就会忽然不同了。

因为，僧众们的修证过程，他们提出来的问题，再加上南师的指引，一切都是活生生的，令人感动，令人喜悦，令人鼓舞，更令人庆幸这个机缘。

面对真心修证的僧人们，针对各人的情况，南师有不同的分析和解说；他的教导，反映佛法实证的精髓；而行者们述说的经历，则显现出修行路途中不自知的各种问题；许多也是读者自己的问题，平时都不知怎么问，向谁问！

这里，经过南师的解释、引导、激励，听者和读者，会对诸多问题的关键点，豁然开朗。

比如说，很多人会安那般那数息法门。但是，是数入息呢？或是数出息？如何随息？这一步反应又如何？对与不对之间，颇有窍门。南师都于极微细处，深切交代方法。

再看到行者们的努力过程，更是莫大的启示；所以此书反复读来，如沉浸于修行三昧，使人油然而发自省心、精进心、感恩心。

又，当中记述南师的嬉笑怒骂，淋漓尽致，那是大禅师的手眼，读者或与天龙八部同观，欢喜赞叹吧！

再者，南师自称白衣，向不以师位自居，此次名刹古寺之有品有德行者，不耻下问，精进坦诚，令人敬佩。本书之印行，为尊重佛法僧三宝故，特隐参学行者之大名，而以代号替之，他日因缘聚会，展现龙象之姿者，必可期待于彼等也。

宏忍师参与此次黑板书写服务，以及文字记录整理工作，另外杜忠诰先生以及张振熔、谢福枝、谢锦扬诸同修等，辛苦帮忙校对，在此一并致谢。

书中内容提要为编者所加。

刘雨虹　记

二〇〇七年六月于庙港

第一天

二〇〇五年十二月十六日

第一堂

内容提要：

居士与菩萨

杨仁山居士

熊十力的学院

说王阳明

王学影响日本

王学的问题

禅海蠡测的话题

禅堂与香板

现在我们这里没有什么形式，不是打七，也不是参禅。这次的事情，都是我们的老朋友古道师闹出来的。古道这位师父专门闹事情，都是找我麻烦的。他提倡少林寺要恢复禅堂，因此请大家来，让我们互相讨论一下。

首先要了解，我不懂禅，也不懂佛，什么都不懂，乱七八糟只会吹牛的一个人。他们上当了，听我乱吹。也许我的年纪比你们大一点，人活老了就变精怪了。我自己经常引用孔子讲的话，老而不死谓之贼；人老了，老贼一个。

这次请大家来，是准备做个讨论的。诸位不要搞错了，不是听我讲课哦！我没有资格讲课，也没有资格做老师，不是善知识啊，但也不是恶知识。这一点千万要了解！尤其我们这次很特别，不是你们向我请教，是我向你们请教，这些都要首先了解的，我先交待清楚了。

中国的习惯，出家人不喜欢向在家人请教佛法，这是中国佛教很有趣的一个矛盾。我讲矛盾是客气话，应该说这种习惯是非常错误的。你们看中国禅宗，影响佛教比较大的著作，许多都是居士的作品，譬如禅宗最流行的《指月录》，是瞿汝稷居士的作品。换一句话说，出家人没有时间，光管修行就够忙的了，佛教的弘扬却靠居士。

所以当年有一个人这样讲，我是最赞成的，就是欧阳竟无先生（一八七一——一九四三），诸位听到过吗？我再给你们介绍，他是金陵刻经处杨仁山先生（一八三七——一九一一）的弟子。杨仁山居士的父亲，跟曾国藩是同学，这个一讲一百多年了。那个时候洋文化来了，清朝要垮了，杨仁山居士的父亲就推荐自己的儿子去找曾国藩。正好，慈禧太后派曾国藩的儿子曾纪泽到英国去做大使，开始中国的第一个国际外交。曾国藩看到杨仁山说，你跟我儿子一起到国外去吧。那个时候出国，不得了，不是留学哦，是做外交官，就这样一起到了英国。

他到了英国以后，才接触到佛学，在国内反而是不学佛的，而且反对佛教。后来一路跟随曾纪泽转到了日本，日本那个时候，正流行中国的学问。这里告诉出家同学们，一定要注意，日本的明治维新，是靠中国什么学问呢？王阳明的学问。王阳明是明朝儒家里头的禅宗，是最了不起的，中国文化叫“王学”。日本当时也推翻了旧的文化，接受新的文化，他们之所以有今天，用的是“王学”起家的。

现在讲到王阳明，中间岔过来是要大家注意。王阳明年轻时也学佛；究竟是参禅，还是修天台宗什么的，不知道，总归他学佛，也学道家的。他静坐得比我们一般出家的好多了，坐得有了眼通；他的朋友要来看他，半个月以前他就知道了，时候一到，他就去几里外等这个朋友。

“哎，你在这里干什么？”

“我来接你啊。”

“你怎么知道我会来？”

“我早就知道你今天会来。”

他常玩这个本事，道家、禅都玩得很好。最后忽然不玩了，他说，玩这些本事，只是自己“玩弄精神”而已。他是走禅宗明心见性的路线开始，最后他用儒家的话，讲心性之学。

这个事情你们要特别注意，直到现在王学还影响中国，影响东方也非常大。所以到了明朝末年，很多和尚是跟着王阳明学禅的，就是所谓直指人心，见性成佛。王阳明学问的重点是“即知即行，知行合一”，意思是说，我们能知之性，有个思想，有个知道，见闻觉知就是心。知道那个对的就该去做，不需要有分别去考虑，即知即行。日本人采用了他知行合一这个原则，融合了西方、东方文化，才有了明治维新，开创了一个新的时代。

因为时间关系，我只做简单的介绍，王学还有个道理的，你们这几位大师们，要特别注意啊！你听了这个王学，将来接引知识分子、学者，你们就有本事啦！不然你讲到禅宗，一提王学，什么都不知道，那不行的啊！尤其你们年轻学白话教育出来的，这些都不知道，那是不可以的。

你们学禅，要参考王阳明的四句教，头两句：“无善无恶心之体，有善有恶意之动”，第三句话：“知善知恶是良知”，这个良知良能，是《孟子》里头提出来的。譬如我们的知性，大家今天坐在这里盘腿，自己知道在盘腿，现在听到了记录，是自己的知性。第四句话：“为善去恶是格物”，做人是为善去恶，是戒律。这四句教是王阳明学说的主旨，你看他学过禅没有？当然学过禅！对禅很清楚啊。

我现在又岔过来，跳了三四岔了。可是后来我在教这个课的时候，反对王阳明，批评他了；我说他没有大彻大悟，没有见道。他参禅破了第六意识，分别心不起了，第七识影子都没摸到，第八识更谈不上。换句话说，参禅他破了初关了，什么是重关也不懂，更谈不上破末后牢关。

我当年公开批评他时，那是很严重很危险的，因为当时蒋介石委员长，他提倡的是王学，他是校长，我是教官，我上课公开讲王阳明不对，讲他没有彻底悟道，但我讲出了理由：

“无善无恶心之体”是根据六祖慧能来的，你们都知道那句话吧？慧能大师不是拿着衣钵，回到广东岭南吗？我请问你们知不知道？你知道就点头，免得我费事嘛！不知道我就补充一下，不要客气，我们是讨论，随便谈话，都知道就不要解释是吧？当时六祖接引那个什么人？（答：惠明禅师。）对了！这样讲话就痛快了，不要那么严肃。

惠明看到六祖，六祖说：“你为了衣钵，你拿啊！”他拿不动，这一下他就傻了。“师父啊，我不是为衣钵而来，是为法而来。”哦！既然为法而来，他就说法接引他。你们都看过《六祖坛经》吗？（答：看过。）下面怎么记载的？这考问你们了。古道师已经告诉过你们，我讲课随时出问答题的啊！不是光讲光听的。

他说：“上座啊！”客气话，就是说法师啊！等于你们跟我对话，尤其学禅宗，读语录，完全变成对话就对了，像演电影一样，当场表演的，不是讲空话。你们一个人站出来，我就冒充六祖，你们冒充惠明。六祖说：“不思善，不思恶。”现在你什么都不要想，好的不想，坏的不想，一切都不想。六祖教他这样做，当然惠明照这样做了一下，他真的办到了。“正与么时”，就是这个时候，用福建广东话就是“咁样”的时候，正是什么都不想，一切都放下了，这个时候，“哪个是明上座本来面目？”哪一个是你的本来面目？因此惠明禅师开悟了。这个“哪个”就是疑情，是问号；可是一般后世学禅的看了《坛经》，都看成是肯定的句子。以为六祖说，你不思善，不思恶，正这个时候，“那个”就是你本来面目。那是错了！以为修到最后没有分别心，没有妄想，不思善不思恶，达到这样就悟道了，完全错了。六祖原文没有这样讲，是不是？你们都看过嘛！

王阳明第一句话，“无善无恶心之体”，我说他错了，他没有彻底地开悟，只见到一点清净，你们打坐的时候都碰到过的；就是坐得好的时候，没有妄想，也没有想什么，可是都明白，清清楚楚的，好像这个是对了，不过你们不敢承认而已，对不对？好像那个稀饭煮得很稀，一端来“嘘嘘”一吹，米浆吹开了，看到里头有几颗米，这比方叫做“吹汤见米”，你听懂吗？好像把分别心打开了，咦咦！咦咦！很清净，就是这个。

这是第六意识分别妄想不起了，可是那个清净也只是心的一面啊！大家看《六祖坛经》学禅的，同王阳明一样，认清净心就是本体心，都走了这个错路，所以我说王阳明错了。“无善无恶心之体”，认为心性的本体，就是无善无恶，这个是什么佛啊？只能叫糊涂佛！

你们注意！这叫做参禅，不是思想噢！你们学禅要晓得参，参就是追问，叫起疑情。再看第二句，他说“有善有恶意之动”，我们心性是无善无恶的，这个念头一动就有善有恶，对不对啊？对，他讲的也对。那我就要问了，请问：那个本体既然无善无恶，这个一动念有善有恶，这个有，这个作用，是不是从体上来的啊？（答：是啊。）那可见体上有善有恶了，“用”离不开“体”的，“有善有恶意之动”，用一动就有善恶。好，你说“无善无恶心之体”，本来空的，“有善有恶意之动”，那体岂不是两个了吗？一个是不动的，一个动的，对不对？（答：是。）

第三句“知善知恶为良知”，这是第三个了，这个像是包子里有三个馅了，有青菜萝卜，还有牛肉呢！“无善无恶心之体，有善有恶意之动”，这一动就是体上来的，可见体本来有善有恶，一动它就能分别啊。你另外加上这个良知，还有个知道，当我意动的时候，我们想一个事情善恶的时候，我们心里知道不知道？（答：知道。）这一知，是不是本体来的？是啊！所以说，把它分成三个了。

“为善去恶是格物”，第四句话不管，是行为上的，都对。修行，是修正自己心理行为，每天都是诸恶莫作，众善奉行，为善去恶，行为上都是对的。儒家也好，佛家也好，道家也好，基督教也好，天主教也好，伊斯兰教也好，所有的宗教都是教人不做恶，向善方面走。

可是王阳明的知行合一学说，这一套在日本，却起了这样大的作用，成就了日本的明治维新，影响全世界文化思想；所以日本当年王学同佛学一样，都非常流行。我讲的话有逻辑，你们注意，现在不是讲王阳明，是介绍杨仁山先生到日本去，正碰到日本那个时代，一般留学生在那里都接触到佛学了，接触到心性之学，包括所有的国民党、共产党，这个你们就不懂了。

所以研究这一百年的历史，我今年九十了，再倒回去，一百二十年前，在虚云老和尚的那个阶段，那时的知识分子，不管好的坏的，不管共产党国民党，都共同有一个心思，就是救世救人，救国家救民族。最初的动机都是这个，所以才闹革命。至于革命成功以后，政治做法错误不错误，行为上的好坏，我们不谈，这个不是跟你们讨论的了。

所以，杨仁山先生那个时候到日本，一下就学佛了。回来官也不做了，开始提倡佛学，专门讲佛学，又在南京毘卢寺办“金陵刻经处”，我都去过的，现在还在木板印经的。回转来讲，像欧阳竟无、梁启超这些人，都是他的学生，很多都来跟他学佛，研究佛学。因为当时中国佛学已经不行了，他起来提倡。但是八指头陀还在哦！那时太虚法师还是年轻小和尚，欧阳竟无是资格很老了，于是佛学才开始大流行。

后来推翻清朝，民国起来，对中国佛教影响大的，又是居士了；靠的是杨仁山居士，包括太虚法师这些人，都是金陵刻经处出来的。杨仁山居士死了以后，学生欧阳竟无，办一所支那内学院（一九二二年）。那也是日本式的，日本人把中国叫做支那，就是英文的China；内学院是专门研究佛学。当年太虚法师想见欧阳竟无，他根本不见。他说，他（太虚）懂什么啊！就是这么傲慢。

我现在讲的话，你们看到扯得很远，说得很闹热，但是有个主题的！杨仁山居士的学生熊十力，现在一般讲新佛学、新儒家的学者们，多半都是熊十力的徒子徒孙辈。

欧阳竟无先生办支那内学院很多年，很可怜，我很佩服他，跟他学佛的人出家的很多。他有个习惯，出家人见他不跪下来拜，他马上把你赶出去了，他就骂人："你们傲慢，出家人不拜居士啊！佛的戒律规定，出家人可以不拜居士，可是戒律也有个规定，要拜善知识；我是善知识啊，善知识不分在家出家的啊！"可是出家人给他一拜呢，你还没有跪下来，他先跪下来拜你了。这一点行为我很赞成他，就是说，要除去出家人的那个慢心，那个我慢。

出家人不拜白衣居士是戒律，可是出家人不拜善知识也犯戒啊，那是大乘戒。可是你真拜他，他不接受，反而拜你了；可是你不拜他，他就把你赶出去了，就是这么一个人。

这个故事一连串说到善知识，现在重点收回来，我不是善知识，千万不要搞错，也不是恶知识，不过年龄大一点，告诉你们一些经验。现在话说回来，先说了这些零碎的故事，这个逻辑系统你注意到了吧！我不是跟你们乱扯，为了善知识这一句话，讲那么多故事出来，是怕你们听不懂这句话，兼带说明中间的过程，告诉你们其中的关联和影响。

回过头来讲这一次的事情，是古道师闹出来的，说什么嵩山少林寺要恢复禅堂啦！少林寺什么时候有过禅堂？我还真不大清楚，少林寺没有禅堂啊！现在讲禅堂，就要问你们，禅堂在中国什么时候开始的？这是个大问题。

我们都晓得，禅宗是从达摩祖师传来的，达摩祖师没有设立禅堂吧？（答：没有。）那么五宗宗派也很少提到禅堂吧？（古道师答：后来有五家的钟板。）也设禅堂吗？没有禅堂。禅堂什么时候开始？香板什么时候开始？都要搞清楚。现在一到禅堂，就拿起香板乱打人。依我看来，打坐姿势也不对，禅堂也不对，行香也不对，什么都不如理不如法。换句话说，本身都不合规矩，就是不符合佛的规定，所以我们要在这里讨论。

你们还年轻，如果还有机会给你们开创一个新的时代，一个新的禅文化，我提出来这几个很严重的问题，你们必须要搞清楚。等于昨天晚上，你们的方丈大和尚在这里，我问古道师，少林寺的禅堂，修得怎么样？（答：原来已经有。）是不是闷在中间，四面不通风？他说是这样。光线暗暗的，空气也不流通，几十个人在里头打坐，然后一天还吃三四顿，点心吃得消化不了，上面打嗝“呃”，下面放屁“噗”！五味杂陈，里头各种味道都有，自己习惯了不觉得。我说这叫禅堂吗？一个修行的地方，光线配备，空气的调和都很重要。

禅堂里头原本没有佛像的，后来变成中间有个佛龛，然后为了行香转圆圈，靠近佛像旁边这只手，走起来要少动，另一手多动，身体个个搞得歪东倒西的，体形都搞坏了，这叫什么佛法？这种佛法我是不会来学的！连这个生理都不懂，佛不会这样教的。然后你看到，香板到处打人，尤其日本更严重。到日本学禅的，还要跪在师父前面，请师父先帮我打吧，痛打一顿消业啊！嘿，打了一顿，打伤了，只有罪业更重，当然要医了。什么消业啊？香板是打人的吗？都不对啊！这些理由，我们要根据历史来讨论，要知道什么是修行。

所以我昨天晚上跟他们说，你们的禅堂一定是这样吧？古道说，差不多。我说那你们不要再花钱修禅堂了，等我庙港那个新的禅堂修好，再做参考。首愚法师听了我的话，在台湾搞了一个禅堂，最新的设计，已经完成了，他们拿录影带来，我一看，还是不行，还要研究。

我现在庙港有个讲堂，也做禅堂，最新设计，冷暖空气都要调好，修行不是享受，但是修行离不开与自然的关系。如果卫生一切都搞不好，那是不行的。所以跟你们讨论这个禅堂的问题。

今天下午，我一听你们几位年轻大师们都来了，我就急了，要大家先上来。等一下再讨论这些问题，就是关于禅堂外形的规矩，怎么样用功？内在又怎么样参禅？等等。我从年轻出来，这个事情也摸了几十年了，我把这几十年经验，讲给你们做参考。对不起啊！千万不要认为我教你们什么，我没有，我只是做一番报告。

昨天你们那个方丈师父讲："老师啊！你的著作影响很大啊！"我说那些都不算。我的著作一大堆，我真正写的一本书是《禅海蠡测》，你们看到过没有？尤其你（僧甲）看懂了吗？我想你们一个都看不懂。所以你们要真正了解南怀瑾，连一本《禅海蠡测》都没有看懂，还谈什么呢！所有的书都不算数，就是这一本。

为什么出这本书呢？这一本还是专门对付日本人讲禅宗的，现在一讲都五十年了。这是我们到台湾以后的事。日本自从"二战"被美国人打垮了以后，要用文化来征服别人，所以有意培养了两个人，叫他们到美国去弘扬禅宗。一个是禅宗和尚宗演，当时八九十岁；一个是居士铃木大拙。日本天皇政府每年津贴铃木大拙不少钱，要他在那里提倡禅宗。他讨个美国太太，所以英文很好，在美国大弘扬禅宗。这当中有这么个秘密，中国人不知道。

我们这里呢，虚云老和尚在云居山被打昏死了以后，重新活转来了。他是我的皈依师父，当时虚云老和尚在重庆，我们两个曾在重庆相处几天，他的首座叫做显明法师，现在还在美国，九十多岁了，他是东北人，天台宗四十五代的传人，我帮他办好手续到美国去的，他曾告诉我说，你回中国，我就跟你回去，现在他还没跟我回来。

讲到《禅海蠡测》这本书的内容，是我当时为了对付铃木大拙；他曾批评中国的学者胡适不懂禅。可是我没有批评人，只把中国禅宗东西拿出来，这是我真正的写作，且牵涉到中国的儒家道家；牵涉到打坐修行，修定与修慧；牵涉到生死问题，怎么样了生脱死；牵涉到科学、哲学、宗教等等的问题。现在看起来都很简单，可是当年我初到台湾，写这本书的时候很可怜，手边没有参考书啊！

所以有个学者问我：南老师啊，你写书，《五灯会元》《传灯录》都不引用，专门引用《指月录》，为什么这样推崇《指月录》呢？唉哟！大家不知道，我有个痛苦，初到台湾，什么书都没有，只有一本《指月录》，而这本《指月录》还是我买的。那时张学良关在台湾，我还在成都。张学良突然要学禅宗了，看守张学良的那个将军叫刘乙光，湖南人，叫我师兄，他也暗中在学佛。当时我在成都，他写封信给我，要我赶快买一套禅宗最好的书，寄到台湾来，因为张学良要学禅宗。我接到信，正要离开成都，我笑了，凭张学良他有资格谈禅宗？可是刘乙光叫我买，我不能不买啊，到文殊院的印经处，给他买了一套《指月录》，寄到台湾。

天下的因缘很奇怪，台湾根本没有禅宗的书，那个时候什么书都买不到。我到了台湾以后，碰到刘乙光，我说："张学良还在学禅吗？"

"哎呀，他学个什么禅啊？他怎么学得进去啊！"

我说："那你为什么叫我买书来给他？"

"他要学什么，上面就叫我办，我只好给他买啊！他现在研究明史了，上面找了一个学者周念行教他明史，而且信基督教了。"

这位姓周的也是我们的朋友，书读得好，一目二十行。南方福建、浙江、"二十"音"念"，所以我们叫他"二十行"。

我说："这样啊，正好我没有书，你把那套书还我吧！"所以我手边只有禅宗一套《指月录》，其他的没有几本参考书，就凭记忆写。所以讲写作做学问，教你们读书要背才行。我那个时候很可怜，还有两三个孩子，太太还在等米下锅，怎么办啊？摇篮里一个孩子，这个脚在推摇篮，旁边站一个孩子在哭，手里抱一个孩子，还在写书。在这么穷苦的环境下，三个月当中，每天写六七千字，写完了几十万字；现在做不到了。你们年轻出家的注意啊，天天说读书，现在要你们一天写两三页报告给我，都很痛苦；不是没有东西写，是写不出来，不会写。

禅宗究竟要不要打坐？禅宗与修禅定有什么关系？禅宗

究竟讲不讲气脉？禅宗是不是要参话头？禅宗能不能修密宗？同密宗什么关系？同道家什么关系？在这本书里，全部都讲了。现在你们都说看过南怀瑾的书，那我请问你们，哪个看过这一本？这位师父（僧甲）峨眉山下来的，他还叫我师叔，叔个啥子！你这一本书都没有看懂，还说是在修行。禅宗很多真正的东西在这本书里，可是你们看不懂，这是禅。呵！

小朋友（僧甲），你身体好多了！好几年不见你了，有几年了？这是李居士帮你的忙，让你参加这次听课，是吧！

我们先讲到这里，大家下座休息一下，喝杯茶，上个厕所。我先开个头，然后听你们每一位报告怎么出家，怎么修行。听完了，然后像医生看病一样，才知道谁是饿了，谁是吃太饱了；才晓得怎么样下药，才好告诉你修行走哪条路线。等一下再来讨论，先休息一下，这里不是禅堂，一切不拘束，很自由。

第二堂

内容提要：

行香的规矩

谈练武功

修白骨流光的人

练武僧人的经历

行香，禅堂叫做跑香，在佛经及戒律部分叫经行，不叫行香。你们也没有好好去研究经律，怎么叫行香呢？照佛经原典，佛在世的时候，这些弟子们行香用功，就是出去活动一下，散散步。行香的散步，同戒律记载佛出去化缘一样，你们哪位研究过这个？托钵化缘，身体端正，大乘道规定眼睛看前面五步，小乘道三步，一路这样慢慢走去，到人家门口站着化缘；引磬一敲，等一下，没有缘法就走开了。行香也是这样，古人的行香在密宗更严重哦！坐一段时间一定要出来运动行香。所以真正的行香是人端正，整肃威仪，不左顾右盼，目不斜视，一路向前走，两个手是在肩膀这里甩动，是全身的运动（南师示范）。

现在你们穿的长袍是明朝的衣服，所以电影演上朝的朝仪，面见皇帝都是这样，两排的大臣穿着长袍，用儒家的话，这样走法叫龙摆尾，右边脚迈开，这个袍子尾巴向右边，哪只脚过去就向哪里摆。一排很整齐，行香也是这个道理，很端正的，两手甩开，四肢展开。不是叫你身体弯起来，靠着一边这样走，我看你们那样，把身体都搞坏了。

黄龙祖心禅师有句话，你去查《五灯会元》、《景德传灯录》、《指月录》，他说参禅的人，姿势精神像什么？他说像猫捉老鼠那个样子，特别有神，“目睛不瞬”，目睛，两个眼睛瞪在前面，一点都不动；“四足踞地，诸根顺向，首尾一直”，头尾很端正，行香也要这样去行才是。

现在师父们规定你们行香时，说这个手为了避免碰到大家，右手甩三分，左手甩七分，这样转圆圈，背是弯起来的，这修个什么行啊？这是什么行香啊？这叫规矩吗？开玩笑！谁立的啊？符合什么规矩啊？生理都不懂嘛。佛的戒律威仪，密宗的行香，是这样端正；更为了用功的人行香直走，这一头两根柱子，那一头也两根柱子，接连两头绑两条绳子，绳子上套个竹筒子，为了自己起来活动，眼睛半开半闭，手搭在这个竹筒上行走，不管身体了。因为有两条绳子的关系，走到那头，又换另一只手抓住。这样行香，经行，端端正正。如果绕圆圈的行香，也一定要走得很端正。

所以照禅堂打七的规定，那年在厦门南普陀，几百人都走不开，那行的什么香啊？所以行香走起来，计算距离，步伐要大一点，两只手要甩得开，是彼此碰不到的这个程度。

还有现在你们禅堂跑香，喊“起”喔！不晓得搞些什么东西。所以我们打禅七，不准喊“起”。一两百个人在山上，大家都大声喊一声“起”，那真是地动山摇，别人看到还以为这里土匪练兵，当然很可怕。尤其以前的禅堂，禅师们穿的袖子这样长，你们穿的都不规矩，学禅的人袖子一定盖过手指头，然后卷起来再卷回贴到手腕这里。行香的时候，两个袖子一甩开，哗！尤其夜里灯光也不够，只听到呼！呼！都是风在动，那真威严啊！哗哗哗哗！妄念也没有，袖子的风把妄念都打掉了，那才叫做行香。现在禅堂行什么香啊？禅堂的规矩怎么定啊？这些都是问题。

先给你们讲了行香，一切的规矩我们慢慢来谈。由外形的规矩讲起，尤其你们少林寺下来，我也学过拳，这一套我看你们有些都不对的，每个身体都打坏了。譬如，我昨天问你们大和尚，我说：老兄，你呼吸不对哎！他说，从小有哮喘。我说怪不得，一看就知道了，为什么？他说当年练武功，要闭着气练的。练武功，如果用力的时候闭气，问题大了！这一套暂时不讲啦！懒得跟你们讲武功。武功是不是这样？连个身体都没有搞对，再看看你们大家，两肩这里都展不开的，看你们的精神样子，还不如我这个老头子好。嘿！不要说成佛，参禅明心见性，这个身体搞到病兮兮的，只好用四个字形容——“枯禅病身”。就是禅宗说的枯禅，枯木一样的，干枯了，里头没有内容，统统变成有病了。你们年纪轻轻离开父母，没有成家，跑去出家，搞了一辈子，修行修得枯禅病身，这还玩个什么啊！至少要把身体玩成健康快乐吧！所以这些都是问题。

我们这一次，大家坦白地讨论研究，有问题尽管问。譬如我在南普陀，讲了七天，也冒充叫做打七，打个什么啊！根本走不动。我原来预定三百人，结果一到那里，禅堂、讲堂有六七百人，后来变成一千多人了，把我吓了七天。那个禅堂新修的，中间没有横梁的，上面一压下来，下面几百人都变肉饼了。太可怕了！所以我叫他们走慢一点，不敢叫他们大步走；因为我从前在昆明的时候看到过。抗战末期，快要打胜仗了，昆明一家电影院，建筑时偷工减料，楼塌了压下来，楼下的统统变成肉饼了。

所以当时在南普陀的禅堂，我到现在还在担心，最好你们发心把它拆掉，重新来过。如果一跑起香来，那还得了啊！所以修个禅堂，你们要注意，楼上楼下要计算有多少人，每一个人的重量有多少，算出有多少宽的步数，所有的重量压下来是多少，建筑上都要核算。这就是当家做方丈的，为众生办事了。不是说花钱盖一个地方，盖起来就好了。现在到处盖礼堂、教堂，如果什么都不问的话，那是造孽，不是做好事。这是讲关于禅堂的问题，还有香板的问题，香板不是打人用的。

我们问题一个个讨论。现在这样好不好？我倒转来问问大家，不是问，我们是讨论。你们都要放下，真的放下，无人相，无我相，各自随便谈谈。这样吧，先从这个年轻僧人开始，他从峨眉山下来，他的师父通永老和尚是我师兄，他叫我师叔。我当年闭关的时候，都是他师父照顾我，挑米上来给我吃的，所以我很感谢他。现在九十多岁了，修行也好，是我很佩服的一个人。

你（僧甲）报告一下，你这几年做什么工夫？怎么样？详细坦白讲，问题提出来，我们再做讨论。

僧甲：出家好多年了。

南师：你声音大一点。你出家二十年啦？我上次见到你，是有病的哦。

僧甲：是有病，身体经常不好，现在还没有找到方向。

南师：那你这几年在万年寺，怎么样用功法？

僧甲：打打坐，用功不相应。

南师：你放开讲话嘛，不要那么拘束，我跟你两个是朋友哎，你不要把我当什么师父啊！

僧甲：我参禅方面有很多问题要问老师。

南师：对啊，你常常找我问问题，我想你问不出来什么问题，上次来好像素美居士跟你谈了一下嘛，对你有一点帮助了吧？（答：有帮助。）我看你身体好一点了。为什么不在那里照顾师父啊？

僧甲：有两个师兄弟在照应师父，他们在报国寺住，我在万年寺。

南师：你现在重要的问题在哪里？用不上功，不晓得怎么用功对吗？

僧甲：对。譬如参禅要起疑情，但是参禅要离心意识参。疑情就是心意识……那怎么参呢？

南师：你现在一直在参禅吗？还是在念佛啊？还是念准提咒？

僧甲：有时看看书，有时候打打坐，念念准提咒。

南师：你又拘束了，我替你讲吧，免得你辛苦讲。那么你说你很想修行，看看书，打打坐，也念佛。念念佛觉得没有味道，阿弥陀佛念了，不晓得干什么，虽说有个西方，不管它西方东方，也不想搬去，怕靠不住。参话头嘛！参念佛是谁，搞惯了，随时心里在念个话头，还是同念佛一样，没有味道。可是想起来又不甘心或不情愿。念念咒子，希望求个菩萨加持，结果念了半天，菩萨也没有现前，而且也没有哪里来个加持，对不对？既不加，又不持，搞了半天茫茫然，就是这样嘛。对不对？

僧甲：对。

南师：身体嘛，进步一点，好一点，对不对？

僧甲：嗯。

南师：心情……其他还有很多问题。譬如漏丹不漏丹，这些都是要坦白说的问题，都免不了的，对不对？我们一一拿来讨论，讨论完了，看你这个样子，回去该好好修行，修行不是生理，是心理的问题。

好啊！下一位，我们还是找那个年轻的老乡，你（僧乙）来你来，你年轻一点，你敢讲话一点，我们俩谈。你出家几年了？

僧乙：一九九四年出家，十一年了。

南师：你是参禅吗？

僧乙：说不上参禅不参禅，好像是参禅。

南师：你上次跟我谈，走的是六妙门的止观法门啊！（答：是的。）那同参禅是两回事啊？

僧乙：上次跟您谈是最早的时候，大约在九四、九五年，那时用六妙门修止观，但是后来一直都在禅堂里。

南师：然后是参禅，参话头。

僧乙：参话头是在九六年禅七以后。

南师：那你的修行很用功，究竟是什么法门呢？

僧乙：主要是看经文、看书更为相应。

南师：那么打坐呢？一天坐多久啊？坐几次啊？

僧乙：有打坐，以前一天坐的次数多，这几年少，以看书为主。

南师：谢谢，你还有什么要问的？

僧乙：我就是平常起心动念的时候，往往对念头把握不住。

南师：谢谢！你们两个年轻人啊，不是你不肯讲话，是讲话没有抓到要点，你可以问我一个问题，怎么样开始用功？什么叫修行？这样问还中听，讲了半天，同一般人一样，参禅不像参禅，修定不像修定，修止观又不像是修止观，修密法不像修密法，不晓得在搞什么，但你们都叫做参禅。好，我想这样吧，因为他们两位年轻人，我比较认识，认识就敢跟他们大胆地讲话；你们诸位新朋友，不好意思跟你们这样讨论。现在刚开始，因为我先了解一下，再想怎么样告诉你们用功的方法。有没有新的意见告诉我？诸位里头哪一位随便先讲。不要勉强指定人，看哪一位志愿？

僧丙：首先呢，很荣幸能够见到南老先生。

南师：不敢当。

僧丙：我二〇〇一到二〇〇四年，在苏州西园寺学习佛法，其中在〇四年的时候，专门学过您讲的《禅观正脉》，然后对《禅秘要法》的注释有很好的体会。我们当时也拿出佛经原典标句读，其中我记得很清楚，我学的是第廿一观白骨流光观，我对您在《禅秘要法》指出的要点很佩服，同时也想向您多请教其中的要旨。

南师：谢谢。我倒请问你一句，你修《禅秘要法》，修白骨流光的法门，看你的意思讲法，你对这个法门，不但有缘分也有兴趣，好像也有一点心得是吧？那么是不是经常走这个路线呢？

僧丙：整个《禅秘要法》是一个个层次来的，在过程中随着坐禅作观的体会，心里会起很大的波动，有很大的起伏。

南师：那么我再请问一下，你在修白骨流光这个法门的时候，你的身心感受变化怎么样？身体内部的变化有感觉没有？

僧丙：内部就是感觉有些急躁。

南师：好，好，你是走这个路线。有没有用其他的法门？没有参话头啰？

僧丙：然后平常配合数息观。

南师：就是用白骨流光法门，配合着数息，就是这样练习？那我们彻底地了解一下，你这样练习，有时候碰到好的境界，一坐能够维持多久呢？

僧丙：大概有十五分钟左右。

南师：然后没有了，第二次上来就不是那个样子了，对不对？

僧丙：对对对。

南师：那换句话说，就是瞎猫撞到死老鼠，偶然吃到了两次的死老鼠，然后活的老鼠也没有来，死的老鼠也没有了，对不对？

僧丙：对对对，是像您老说的这样。

南师：我想一般都是这样，这都是修行的大问题。所以我希望大家这一趟，我们难得有缘碰面，我以出家人为对象，在家人都打出去不算。希望你们拿到一个真正的法门，回去一年两年最多三年，能够有所成就，才不冤枉我们这次的聚会。等一下我想贡献你们一番用功的路线，所以先了解一下大家的状况。好，谢谢。还有你们这几位，大致都是这个路线，是不是？有没有特别专门参话头，或者什么的？都不要客气啊，现在我们是自由讨论，要起来喝茶的起来喝茶，要干什么都自由。

僧丁：南老师慈悲啊！各位师父慈悲！

南师：请把你的上下法号告诉大家。

僧丁：我叫某某，是一九九三年去少林寺的，刚开始在庙子待过一段时间，但对佛法没有兴趣，没有学佛，从来不烧香，从来不拜佛，专练武功。九七年去浙江台州，打了一个比赛以后，身体生病了。

南师：什么病？

僧丁：就是这个落（音辣）体重，身体严重脱水。刚开始国家提倡散打散手比赛，后来我就学传统拳，传统功夫。学传统功夫就涉及到打坐，我的师父要求我每天必须要打坐。慢慢慢慢地就看了《六祖坛经》，这是我看的第一部经，之后就是看慈舟老法师的一本《心经浅释》吧，才开始了学佛的因缘。后来二〇〇二年出了一场车祸，当时伤得很重，腿被门夹住，人被摔出去了，就住院治疗。在这之前我看了您的《圆觉经略说》，后来住院又看了一下。住院时没事，我就天天打坐，后来又到我们寺庙的一个下院养伤，对生死问题比以前了解多一些，对生死有另一种想法。二〇〇二冬天去卧龙寺打禅七，是我第一次打禅七，他们参话头，我什么也没做，我就光念大悲咒，每天念六七百遍，可能念了六七十天左右。当时心口这块发闷，里面有东西堵住一样，六七十天都是这样。

南师：那身体呢？那个受伤的地方的感受呢？你在卧龙寺打禅七的时候，你不是在里头持大悲咒吗？因为持咒以后觉得这里揪起来一坨，那你身体原来受伤的地方的反应呢？

僧丁：当时在医院里可能打坐了一段时间，以后这地方基本上好了。

南师：那请再讲下去，持咒这一段。

僧丁：持咒以后，我的身体有很大的变化。心窝这一块像有东西堵住一样，但是没事，吃饭一点也不耽误，心里这块地方硬邦邦的，像揪心的那种，但是又不是揪心那种感觉，〇三年又打了一个禅七，打禅七的时候也参话头，参念佛是谁，同时也念佛。

南师：念南无阿弥陀佛？

僧丁：对对对，念阿（喔）弥陀佛。

南师：阿（a）弥陀佛，不是阿（喔）弥陀佛，千万注意啊！大家都习惯念阿（喔）弥陀佛，这个先说明一下，将来我会告诉你们。

僧丁：〇四年的时候都在念佛。我有个特点，我用功的时候比较集中，特别用功。〇四年念佛的时候，中间基本上很少断，工夫用得很连续。

南师：那么这个阶段你都不练武功吗？

僧丁：比以前少了一点，也练。〇三、〇四年，就是打禅七，然后到终南山住三个月，在西安住半年，就这样用功。〇四年感觉跟〇三年不一样。

南师：都是念佛？

僧丁：〇三年是大悲咒，〇四年是念佛。我念大悲咒很相应，念佛也很相应。

南师：所谓相应是……？

僧丁：相应就是，我〇三年用功，念大悲咒打完禅七，回去以后两三个月心口都是胀的；但有一天不知道怎么通了，身体很轻松，走路也很轻松，好像重担卸了一样。这个很轻松的感受，实际上差不多持续有两个多月三个月，一天到晚念习惯了，脑子里不知不觉都在念。

南师：完全对。

僧丁：然后〇四年也是这样，连续打了十个禅七。〇四年的感觉很明显，一用功马上就说话啊走路啊，连坐着都感觉不出来，身体轻松度比以前轻松太多太多，非常轻松。

南师：也是在卧龙寺？

僧丁：〇四年基本上念佛，然后参禅。

南师：参哪个话头？

僧丁：〇四年这个反观以后，有很大的收获。然后参了一个公案，就是六祖大师说的“幡动还是心动”，然后就是体会这个动。以前呢，不知道这个心在动，〇四年反观到这个心在动，就知道什么叫动了。原来就是起心动念的这个心，执着外面的习气放不下，对这个习气体会得比较多一些。以前不知道什么叫习气，也不知道什么叫疑情，通过〇二年、〇三年、〇四年，基本上在起心动念时候，当时就感觉到，知道这个是心动，为什么要动。这个觉性好一些，比以前灵敏。

南师：这是去年。现在呢？

僧丁：因为我前一段时间，三月份去终南山，七月三号回少林寺，一直也在用功，每天反正早晚两小时念念佛，然后十来个小时打坐。

南师：你打坐十个小时啊？

僧丁：十来个小时吧！

南师：都在座上？

僧丁：我一坐是两个半小时，或者三个小时，基本上以两个小时为标准，有时候心情很好的时候，越坐越轻松的时候，那就三个小时。

南师：那么你〇四年到〇五年，差不多都是常在禅坐中？

僧丁：基本上是。

南师：外形在禅坐中，内在的修行是参这个公案——心动反照观心，对不对？

僧丁：我念佛有个体会，以前好多人讲，包括我刚出家那时候，他们讲阿弥陀佛和极乐世界，〇四、〇五年体会阿弥陀佛和极乐世界不是两个概念，应该是一个概念。阿弥陀佛是个什么？阿弥陀佛是极乐世界，极乐世界是阿弥陀佛。按禅宗的话讲，阿弥陀佛不能做阿弥陀佛解，也不能做不是阿弥陀佛解，就是这个体会多一些。很多人念阿弥陀佛，求生极乐世界的时候，他的发心老是在动中，想要阿弥陀佛带他到极乐世界，就是老有这个想法，但是我在念这个阿弥陀佛时，就是通过这个阿弥陀佛，他可能就是一根稻草，我抓住就是抓住而已，比较连续，就是体会到这些。

南师：还有呢？

僧丁：最近嘛，就是身体变化，用功不用功，都感觉到胸口堵。因为我早上起来很早，两点半三点钟就醒过来了，躺在床上，不自觉地就念，一天到晚养成习惯。

南师：那你真了不起，昼夜都在用功，除了睡眠吃饭以外。

僧丁：有时候也是感觉不稳定，有时候放逸起来，很长时间也不用功。但是一个人的时候，基本上心还是在念佛。

南师：还是在念"南无阿弥陀佛"，还是参那个"风动幡动"，那个动的观念连在一起？

僧丁：现在基本上是念佛。因为那个风动幡动，看了那本《心经》以后，心里暂时放下一样，再参参不下去，所以还是念佛。念佛就是感到心口堵塞，就在不用功时，感觉胸口这一块始终也堵着的，包括刚才坐在这里。

南师：这一边还是另一边？

僧丁：心窝子这一块。

南师：请你把舌头伸出来我看看，啊，好，知道了。

僧丁：今年基本上就是这个情况。

南师：然后呢？坐起来还是蛮舒服的？

僧丁：我现在坐起来身体很轻松，就是身体用劲的时候，像我以前打拳有时候要转动，转动的时候不知不觉地，人就跟着转出去了，有这种感觉。

南师：你有这种感觉，是平常的时候，还是练武的时候？

僧丁：练功的时候，就是平时的时候走着走着脚就不受控制了，就是这样。

南师：譬如说你一打拳好像自己跟着拳势在动了。

僧丁：对对对！转动的时候，身体的变化就特别明显。

南师：觉得内在的变化明显吗？

僧丁：内在的变化非常明显，好像人在那个海水里的感觉一样。

南师：对！那个时候你不管呼吸了，不是闭气哦？

僧丁：没有呼吸。

南师：你不是在动中把呼吸忍住了吧？

僧丁：没有没有。

南师：对，好好。

僧丁：那时候是放松的，就是和平时一样。

南师：我岔你一句，学密宗有个法门，现在在西藏已经没有了，叫“力大手印”，可以练武功就大彻大悟而成就了。这是抗战以前，现在我一讲就是六七十年前，当年相传，有位学者修力大手印，在上海的，我没有见到过。他走马路的时候，正好两个车子对面过来，刹不住车，他正好在中间，他手随便这么一分，无意的，两个车子停住了，他就过去了。这是力大手印啊！你讲到这个地方很重要，所以真正练武术到最高处，同得定的境界是差不多的，和初步得定都一样。你讲的差不多有些像了，你很了不起，再说下去。

僧丁：在没有参禅以前，对武术理解不一样，因为对武术的理解，在刚开始时，知解上的东西多一些，后来通过参禅以后，对武术的理解比较深一些。

南师：对。

僧丁：这个武术同参禅一样，它有个阶段的。刚刚学动作时有个基本功，基本动作的认识，同参禅是一样的。所以我现在大胆地跟大家讲。

南师：尽管放开讲，我可以贡献你啊，练武功到了最后跟学佛一点都没有差别了。

僧丁：后来中间有个问题，这个参禅同练武术一样的，动作练了以后，就发现有一个毛病，人呢，画一个圈子，被这个圈子套住出不来。练了这个拳，有了这个动作，就是这个动作组合成以后，再没法离开这个动作。离开动作就没有办法了，心陷在动作，解脱不出来。第二、我个人的心得，练拳要参透动作的根源在什么地方，把这个根源弄透。第三、就是说，要忘形，得意才能忘形。把真意明白了，然后才能忘形，再回到心意上。回到心意以后，就是心灵通过肢体语言的一种抒发。这是我通过参禅以后，对拳有这么一个浅薄的认识。我现在练拳，好像是给同学写封信一样，给好的朋友打个电话，谈个心，是这个感觉。

南师：这个很不浅薄，很好。你尽管说下去。

僧丁：惭愧惭愧。其他的寺院，很多人认为练武就是练武，参禅就是参禅。少林寺主张禅拳合一嘛，现在就是说，通过参禅，觉得参禅就是练武术，我通过练武术以后，我感觉禅和武术，在根本上可能是一回事，从表现形式上、接引的方面可能是两回事。

南师：好，那你最近的用功呢？

僧丁：最近一直念佛。

南师：到现在还在念佛，就是说，没有放弃这个方法？

僧丁：没有没有，一直没有放弃。因为我前段看了一本书《弥陀要解》，看了以后，对我触动很大，这本书上写的跟禅宗讲的是一回事，就让我明白了。以前练武术，跳跃性的东西很多，最近发现参疑情的东西比较少了，需要的就是念佛，再搞其他的就是没意思，念佛就行了。现在就是这样一个心态，就是光念佛。

南师：好，非常感谢你的报告，很了不起，很坦然，很诚恳地讲，就是很平静地讲老实话，你很了不起了。那我再请问你，你不打坐的时候，行住坐卧，走路，大小便，吃饭睡觉，一切生活是不是都是这样呢？就是说，行住坐卧，是不是能够打成一片，是不是都是这样的心境呢？

僧丁：我念佛的时候基本上是这样。

南师：你感觉到基本上是这样？

僧丁：因为我有个特点，就是念佛的时候有个习惯，很专注。

南师：我请问你，你现在跟我讲话，你心中有念佛没有？

僧丁：现在跟您讲话没有。

南师：你现在觉得同你念佛一样还是两样？不要去想，有没有一样？两样？

僧丁：我觉得是一样。

南师：你把握这个，不要再去想，不要加上了。第一点注意这个。

僧丁：谢谢，阿（喔）弥陀佛。

南师：不过有一点，你改不了也没有关系，能够改“阿（a）弥陀佛”，教人的时候千万教“阿（a）弥陀佛”，为什么？“阿（a）”是开口音，生发的音，这是讲梵文发音了，阿（喔）是下堕的音。

僧丁：谢谢南老师，我再汇报一件事。我打坐的时候，以前和现在还有点不一样，比如说，一九九九年以前，我经常在地上，在山上找一个光线好的地方打坐，打坐对光比较敏感。从那年到今年吧，就是说现在不需要光线了，打坐的时候同样是亮，有光。以前是没有光就显得不亮，现在是没有光它照样亮，它越亮人就感觉到它很融，很融的感觉。

南师：没有错。你现在讲话是不是在光中？

僧丁：随时随刻都是这样。

南师：对，你先把握这个。现在我问你刚才一个问题，你现在讲话还在念佛吗？

僧丁：念。

南师：对了，你先到这一步，我们还有几天再看情况。然后你再讲下去。

僧丁：光的变化，我发现有个感觉，就是刚开始我听人家讲，我们少林寺有个塔林，后来我有一次跟人家散步的时候，在塔林门口，听到不知道哪个歌手唱的六字大明咒，“嗡嘛呢叭咪吽”。我当时也跟他们念念，那是七月份的时候，我们两个朋友没事时，往塔林门口念，念了以后，就是感觉身体一下透了，闭着眼外面什么都能看见。

南师：你听见的那个咒音是怎样念法，你还记得吗？

僧丁：就是唱歌嘛，不知道是李娜唱的，还是谁唱的。

南师：是不是那个印度唱法？你唱一唱。（在座有人开始唱）

僧丁：对对对，就是这种，我们就是在塔林绕唱。

南师：我所以要问清楚是哪个调子，是因为声音和光的变化关系很大，你尽管讲。

僧丁：念了以后，当时天热心里面躁动，可能七八点的时候出来，到塔林比较凉爽，慢慢就静下来。静下来以后呢，身体有种透的感觉，透的感觉什么东西呢？就是闭着眼睛在念，外面星光啊什么东西树啊，看得很清楚，这对我是第一次的体验。

南师：后来没有经常出现吗？

僧丁：后来在禅堂里出现几次，但是我没有在乎它。

南师：你不着相，没有注意是吧！

僧丁：没有，早就听老参师父经常讲啊，遇到这种情况，不要着魔，不要管它，刚开始就有打过这个预防针，心里可能比较注意一点，没有管它。二〇〇一年的时候，因为念着念着，可能身体变化，里面的东西看得很清楚，身体骨头五脏看得比较清楚一些，然后特别身体中间有两条光线看得比较清楚。

南师：你讲的是左右还是中间啊？

僧丁：中间，脊椎头顶下面的两个光线，不同颜色，一个黄的一个蓝的，有时候变化不一样，然后五脏看得很清楚，骨头啊骨髓啊都看得很清楚。刚开始发蓝的发紫的带黑的那一种，慢慢慢慢，它就变成明亮的太阳光那样的，透的那种。之后呢，有一段时间经常上火，特别上火，上火以后就不能打坐，太阳都不能晒，一晒太阳嘴就全部都是火，浑身都是火，感觉像吸收太阳光一样的。满嘴都是火，一段时间吃药都不行，吃药也不管用，不好使。就是下午的时候，太阳下山以后，躺在草地上一会就好一点，就是这样的。然后〇一年吧，感觉这个骨头，有响声“咕噜咕噜”，好像有东西在煮一样的感觉。浑身都是，不过煮得很舒服，好像小火在煮一样的。

南师：那你身上的原来受伤的老伤有没有好呢？应该没有了。

僧丁：老伤基本上没有了。后来到〇二年住禅堂，心火发急，不在身体之内，应该是向外，空间更大，感觉到像大海汹涌澎湃一样，身体不受控制，心念一动了身体还不知道，明显感觉就是〇二年受伤之前，当时少林寺隔壁有一个卖菜的，我们去买菜。

南师：你在受伤出车祸前是吧？

僧丁：出车祸之前感觉明显，就是感觉到这个身体内动的东西还是多一些。去买菜时候，就是开玩笑，别人推我一下，我顺手一拉，最后就是感觉这个身体晃动一下，人就不由自主地飘了下去。〇二年受伤以前是理解佛法，心里的东西少，理解的东西还是多一些，很多东西是出于思维意识。我〇二年被车撞一下，当时脑袋一片空白，起来以后，无名火就起来，有恐惧、有无明、有愤怒，发现当时没有这个觉悟，后来在住院期间，就考虑问题。

南师：考虑问题怎么样？

僧丁：就是我西安有个朋友，发个讯息，因为我们经常有佛友在一起，他说，密勒日巴写过一句话，“不要把理解当证悟，也不要把证悟当解脱”。这个对我触动很大，所以慢慢地开始思考这个生死问题。我就觉得生死啊，虽然有一念心能动，能动的就是这一念心，能动的就是这一个，始终是一个，就是《佛说大乘金刚论》上说：“心可作天堂，心可作地狱；心能作善，心能作恶”，能作的就这一个，当时就找到了这个源头。〇二年、〇三年吧，就去反观这个，慢慢慢慢就证了（意思是证知此心可作善，可作恶），证了以后就念佛。就是这样，汇报完了。

南师：好。那现在你还是在这个情况中？

僧丁：现在基本上不断地念佛。

南师：好，谢谢，你报告得最详细了，我们正好有个讨论，要不要休息啊？休息一下轻松自在一点，非常谢谢。这样我们好办，就是要这个样子，同刚才这个师父一样的讲法，很坦然。你把我当成一个听众，自由地讨论，那么凭我所知道，我会告诉大家做个参考，好，起来放松一下。

第三堂

内容提要：

辛劳工作的僧人

你是发心去做的吗

石头路滑　竿木随身

南师：希望大家都有点成就，不要白修行白出家了，这个时代尽管说没有佛法，但是佛法不会断绝的，只要自己发心证果，修行一定有成就。希望下一位，哪一位出来？给大家讲一下，我们听一听。刚才那位法师讲得很平实很坦然，我们听了都很高兴。大家都用这个方式讲话，不要拘束。古道师你说，哪一位讲？（古道师：某某。）你是熊耳山的？

僧戊：熊耳山。

南师：熊耳山的啊，好哇！这个大山非常有名的，达摩祖师当时到过那里，好！希望你讲。

僧戊：南老、诸位居士，我学佛时间很多年了，没有什么深入，趁这次机缘，请南老开示。我刚刚出家的时候，坐过禅。最初的时候，就是做数息观，有点轻安境界，后来就到南方住小寺院。那个时候，差不多都是练功，没有深入佛法，一直到我去熊耳山之后，因为道场要恢复，也为居士讲些佛理，那时候才略解佛法，自己也用用功。但是恢复道场这阶段，没有太多的时间，主要是应酬打理寺务方面的事。在这段期间，我对禅宗的公案方面涉猎一些，也涉猎般若性空学，唯识学也学一些，但是都不够深入具体，在这个修持上模糊不清，对理上虽然有些概念，但是在用功修持上，请您老开示。

南师：你不要那么谦虚，那么客气。那么你后来的修持方法除了打坐数息，修这个止观之外，有没有用念佛或者别的方法？

僧戊：念佛也有，但没有集中。因为刚开始，在我出家初期的两三年，后来出去参学的时候，主要以练功为主，因为南方这种环境都是小庙，是经忏道场，至于修持上并不懂。

南师：那就是说平常你是忙于事务了。

僧戊：二〇〇一年我去熊耳山之后呢，在寺院的修复方面花费了很多心血，在修持上差很多，这也感谢我们地区的居士，因为作为一个师父，他们尊重我恭敬我，我却没有东西给他们，很惭愧，那个时候才发心要修学佛法。

南师：是，人家问到你时，你教他们普通的打坐数息，还是教他们念佛呢？

僧戊：在我去之前，他们都以净空法师的念佛法门为主，都是修净土的。自己要不断精进地修行，也是念佛，念佛的比较多。

南师：自己念佛是吧？你讲你的（师下讲座，为僧丁纠正姿势，“你不要动，你动了，再说。”）

僧戊：他们原来的修行方法，因为我而改变了他们修持的心态。另外还有一些，对禅宗有兴趣修禅法，坐禅的，这样就是通过我自己的心得、过程吧！

南师：他们对禅宗有兴趣，你讲公案还是讲什么？

僧戊：有讲公案，也有境界。

南师：你听到的，都是同我们刚才讨论报告一样，是吗？

僧戊：是，有些在境界上有问题的时候，就给我打电话，或者到寺院找我。

南师：那你怎么办？人家问到你，譬如我们讲笑话，他开车开到你山门下，问现在向左转还是向右转，你怎么办？

僧戊：就是跟我修持的心得交流，如果再高深的话，我也建议或支持他们参访，因为我的境界、水准有限。

南师：我们现在都是关起门来，家常讨论，无所谓。就是说你凭你知道的，就贡献他们了，是不是这样？

僧戊：是。同时呢，我们有时候从这个禅法上参究。

南师：那你现在平常除了忙事务以外，自己真正自修的时间不多啰？

僧戊：不是很多，我就是请问如何修持的用功法门，请您开示。

南师：（师又帮僧丁改姿势）我正要给你改动，你又动了。呵，所以和尚啊，在这个里头，你要注意！我一动，你就马上起心动念起分别了，对不对？

僧丁：你过来我看见了。

南师：对啊！你就看见，但不能够对境忘心，内外一切都丢掉不管，是不是？就是动念了嘛！再来，再说。那么这位师父就大概报告到这个情形了。接下去哪一位？古道师帮忙，你就站起来吧，随便自由地讲话，千万一点都不要客气。大家远道而来，假定把我当一个善知识，走过这条路的人，我现在要大家讲话，不是讲给我听，是为你们自己，要讲出来，我才可以告诉你以后怎么走，走哪一条路。

僧己：大德慈悲，我叫某某。

南师：你是负责寺里幼稚园的？

僧己：孤儿院。

南师：那你很辛苦哟！

僧己：虽说我出家到寺里，我的机缘是，没出家以前，在学校读书的时候，看到一些典籍；譬如说像唐伯虎、苏东坡这些大居士，他们都学佛，对书画、文学、艺术方面，也很有成就，我隐隐约约感觉到有这个禅和佛法在里面。但我那个时候并不懂，也没有机缘真正接触佛法。

南师：你当时读哪个学校？

僧己：我以前是学经济的。

南师：你学经济的倒喜欢艺术。

僧己：最后还是因为在武术、书画方面比较爱好，这样到了寺里，跟着师父大和尚。之后做他的侍者，一直很忙，现在接手孤儿院也是属于忙碌，忙于一些具体事务。至于说修持修行，我还没有正确的方法，但是我也很认真地看书。

南师：你出家几年了？

僧己：出家有五六年了，一九九九年出家的。我看《金刚经》上说“应无所住，而生其心”，我也经常琢磨这个事，思考这个问题；在练武的时候，我也在想，是不是也可以参“这个练武的人是我？”的话头。当我接手孤儿院之后，忙于一些事务时，我怀疑自己所做的事情与修行是不是有关系，甚至有时也产生退却的念头。我很多时候陪伴在师父左右，我把师父当成他就是佛，他就是菩萨，我诚心诚意地去做一些事情。最后，我觉得既然师父认为这是我应该做的事情，我干脆就不想，就认真地做一些具体的事情，在这个过程当中去体验。看到小孩子们从贫穷的地方，从一些遥远的山区，到这边统一的管理之下，他们的生命现象，得到快乐，我从中也得到一种欢喜；但也在思考生命生老病死的种种现象。我如果一直坚持安于这种心态，注意投入平常这些事务的话，这样和修行有没有一点关系？请南老先生开示。

南师：你讲到这里，我们先谈这个问题。你是一个学经济出身的，喜欢文学，现在出家，碰到师父，又练武功，就让你做这个工作。据说有一百多个孤儿，是吗？

僧己：整个河南省十九个县市，总共是一千多个，真正集中到我们孤儿院的一百多，由我统一管理，负责他们衣食住行，还得经常跟他们讲一讲简单的《弟子规》、佛法。

南师：好，散在外面的先不管，那现在集中到你们寺里一百多号啊，你这个孤儿头，事后我再跟你讨论。有两点，第一、我羡慕你有这个福气做这个事；第二、我佩服你，因为我做不到，你还做得到。这是两点，但是还有一点，你根本没有发心做这个事情，这点很严重。这个工作，照你现在做的情况，你如果真的发了这个牺牲自我，先培养一切后辈众生的心，你工作就不同了。但你没有发这个心啊！尤其你们这个寺，我昨天听你们师父讲，有那么大一个场面，做了那么多帮助孤儿的工作，太伟大了！可是如何办好一个孤儿院，这个事务性的事，我们等两三天下课以后再讨论。可是你要真发心，准备牺牲自我，照亮他人。

僧己：其实我也很投入，我不知道这种投入是不是也是在发心？

南师：刚才讲你这个投入，是一种投入，还没有自己真正发心。你要发一个视天下孤儿如亲生子女、兄弟姐妹一样的心。这种发心也就是发菩提心的一种，就是发大悲心。但是这个发心很难，因为你还年轻，没有结婚，还没有自己带过孩子呢。

僧己：佛法有一句话讲，众生可能都是自己的父母。就是小孩子，他们这种生命现象，都和自己息息相关，把自己融入这个当中去，感受一种生命现象的无常。

南师：那个是更难了。先讲像自己的子女一样的爱心，至于说，视一切众生如自己父母一样，是大菩萨发心，由你这个小发心慢慢上去。《楞严经》有这样四句话，我不晓得你有没有看过背过？“自未得度，先度人者，菩萨发心”，自己根本还没有修行，牺牲自我专门为别人，这是菩萨发心；“自觉已圆，能觉他者，如来应世”，自己大彻大悟了，修持有所成就了，再出来同你做这个工作一样，做入世的工作，那个是佛的境界。这两种功德一样的伟大，可是两个是不同的境界。自未得度，先度他人，菩萨发心，普通叫菩提心，菩提心以大悲心为基础。我刚才批评你没有发心，不是批评，是要你加强再发这个心。你已经很了不起了，如能发这个心更了不起。我前面讲过，你做到我还做不到，我是佩服你，但是你这是菩萨行的境界。要你更加强，自未得度，先牺牲自我，乃至下地狱都不要紧，我先把孩子们弄好，这是菩萨发心了。至于庙子有钱，你师父也发心，你也发心，如何办好这个孤儿院教育，不是你现在光讲的读什么《弟子规》《三字经》，还不止这样啊！很多经验、道理，我再跟你另做讨论。我们两个还没有完，先把这个账放在这里，等一下再说。

再讲修行方面，你很了不起，那么这次来，听了你这样讲了以后，我告诉你，在入世做这个慈悲心的工作中，如何自己修持。譬如刚才那位师父（丁）修行报告，我们大家都听到的。他平常大概没有给你们讲得那么详细，他今天讲得比较详细，对不对？你还是第一次难得的机会在这里听这位师父讲。照他今天给我们讲的话，他现在状况，我心里头想，没有当面讲，我对他比较放心，也非常赞叹随喜。他现在等于禅宗祖师有句话，“石头路滑，竿木随身”啊！他初步有个念佛法门，由这一路修持下去，等于说走这条石头的路，手上有个手棍，比较保险。至于说，从这以后如何，我俩还没有讲话呢！明天以后我会根据他的发展再说。这是听他报告，我给他的评价。

为什么引到这句话？因为你现在还没有“竿木随身”，还没有手棍哟！走路蛮危险的，而且你这是先发心救人的工作，不是度人。度人是度到成佛，走菩提之路，你现在是走大慈悲功德之路，如何领导那些教导孤儿的教职员？怎么做才好？你毫无经验。我们这里有很多同学专门办幼稚园的，可以把许多经验告诉你，你这样做很了不起。你年纪很轻吧？

僧己：三十二。

南师：对了，你刚才有一句话，开始不大愿意做，目前也做，所以并不是你自己发心，师父要你做只好做。但是做做呢还有些兴趣，如果自己发心就不同了，有个做法我们将来再说。好，那你还有什么话告诉我们，我想再听一点，还有别的没有？自己修持方面大概是这样，是吗？

僧己：在练功的时候，也经常会反观这个“练武功的是谁”的念，不知道和念佛是不是一样。

南师：对，一样，这个完全一样，这个很重要。但是你练武功之后，有没有打坐修行？

僧己：平常也有。

南师：那是偶然玩玩的。

僧己：就是没有深入，时间不是很长。

南师：至少也装模作样，对不对？偶然坐它一下（僧己笑）。我听你们诸位讲完以后，会有个总的贡献。再下一位是哪个？哦，到时间了。先休息，吃了饭再说。

第四堂

内容提要：

佛学院的学僧

少林寺的大柱子

如何念阿弥陀佛

暗藏佛经的人家

二祖觅心不可得

不思善不思恶时

临济和云门的教育

我们要正式讨论的，还没有开始，因为我不了解诸位的情况，先要求一个了解，我请问现在谁是下一位？

僧庚：诸位法师，诸位善知识们，大家好，今天因缘特别殊胜，能够在这里会聚一堂，跟南老师学习佛法。说起这佛法呀，法门无量有八万四千，从印度原始佛教开始，一直到部派佛教，以及随后的大乘佛教，到密乘兴起，一直到佛教传入中国以来，有许许多多的纷争，也有许许多多的辩论。达摩祖师有个二入四行观，二入就是理入和行入；理入就是让我们明白教理，从教理这方面来讲。过去有个义净法师，在他的《南海寄归传》里面有一句话，说印度佛法无非两种，一者中观，一者瑜珈，这中观只破不立，瑜珈外无内有。随后中观和瑜珈两派又产生了意见的分歧，然后又产生了两种的论辩，直到传入中国来，中国又形成了八大宗派。从印度佛教产生到灭亡，一直到佛教传入中国，还产生了八宗判教，给我带来了很大疑惑，想请南老师指点迷津。

南师：这是第一个问题？

僧庚：就是中观和瑜珈的问题。第二个就是八宗判教的问题。还有小乘、大乘、密乘三乘的问题。

南师：还有你的问题呢？你出家多久，个人修持怎么样？

僧庚：我是二〇〇〇年出家，出家时间也比较短，曾经在重庆佛学院。

南师：你是四川人啊？

僧庚：我不是，俗家是东北的，但是在少林寺出家以后，我们的大和尚就把我送到了重庆佛学院，跟随汉藏教理院毕业的惟贤法师学习。因为重庆佛教文化比较源远流长，当时的欧阳竟无老先生，刚才南老师讲的，创办支那内学院（一九二二），在南京办了十几年，后来在重庆办支那内学院江津蜀院。然后太虚法师又创办了三所佛学院，一所是闽南佛学院，一所是武昌佛学院，另一所就是北碚缙云山的汉藏教理院。汉藏教理院又称为世界佛学院，当时在那里的佛教文化是比较浓厚，像法尊法师，就是密宗的大德，印顺导师、演培法师都曾经在这个汉藏教理院教过书。

南师：没有错。

僧庚：但是我个人来讲呢，惭愧，没有学习好。

南师：我都听到，你很了不起，对于现代的知识，如果拿六十分标准来讲，大致上，你已经是三四十分的，这个问题我等一下告诉你。除了这些，你出家以后个人如何修持呢？是念佛还是修禅定，还是看教理？

僧庚：在我个人修持方面，我特别提倡达摩祖师所说二入四行。先简单地说，就是从这个理入，首先明白教理，有理论作指导，再来进行实践。

南师：你出家五年当中是怎么样理入？怎么样行入？

僧庚：理入嘛！因为文言基础比较差，所以看一看黄智海、江味农居士用白话文讲的一些佛经，讲一些简单的教理，还有特别看了您的一部《金刚经说什么》，给我的启发很大。行入呢，现在末法时期，主要提倡念佛。

南师：有没有在念佛？

僧庚：在念。

南师：好像没有认真吧？

僧庚：可以这么说。

南师：嗯，可以说，是打游击的念法，高兴念就念。

僧庚：达不到大德说的那种念佛三昧的标准，离念佛三昧还远得很。

南师：不要谈那么高，就是说你念佛没有像那位师父的报告，老老实实念一句佛去行持，还没有切实，没有好好地实习，对不对？

僧庚：还没有感应。

南师：感应谈不上，就是口头常念也没有啦！心里想念，但也没有常念佛，是不是这样？

僧庚：是是。而且最主要的问题，净土法门讲的信、愿、行，首先……

南师：那些理论不要讲，就是说，你没有好好去念。你前面讲的，我一听，你很标准的像太虚法师之后教理院走的这一套，思想蛮多的。

你前面所提三个大问题，要跟你详细解答，由印度起中观学派同瑜珈学派是怎么一回事，要上一年多两年的课。你们这些教理院听来的知识，我都很遗憾。太虚法师以后办的这些，像印顺法师、演培法师，当年我们正在修行的时候，演培法师还是年轻和尚，我还记得他的笑话。他重庆回来，上峨眉山，找个滑竿（轿子）坐上去。到了以后，轿钱付完了，那个抬轿的跟他两个人闹别扭，要多两个钱抽鸦片，他就不干，不肯多付人家两个钱。然后那个抬滑竿的就生气了，说：“你这个和尚，多一分钱都舍不得，我看你来生还是做和尚。”演培法师说：“对，我来生还是做和尚，你来生抬轿子还是抬我的。”（众笑）这是讲笑话啊，他人都过世了，并不是说他对不对。

当年有人说，哎哟！年轻和尚架子蛮大，坐轿子上来。我们当时听了，教理院这批学僧，一个个都很能干，道理都很多。刚才你提的问题都是重大问题，我们这一次由古道师及大和尚组织，带了你们来，现在关起门来谈的是实际的修持，一点点讨论；至于牵涉到的那些大问题，我都要答复你。你问得很有道理，不是没有道理，应该怀疑。你三十岁不到吧？

僧庚：不到，今年是二十七岁。

南师：哦！一看，知道年纪轻。那么出家修持念佛也没有好好念，其他打坐修禅定有没有修？

僧庚：也有。

南师：也是同念佛一样？

僧庚：对对对。

南师：嗯，好，那么打起坐来做什么工夫呢？修什么法门？

僧庚：没有一定的法门，也没有工夫。

南师：那你现在思想上，就是说，对于这个禅宗的达摩祖师讲理入、行入比较有一点兴趣。

僧庚：对对对，但是不完全了解，不深入。

南师：那当然不了解！不大清楚，你蛮谦虚的，你说了解就是说大话了。那么对于这个中观同瑜珈，也不彻底了解，听是听过的。

僧庚：呃，对对对，也听了法师们讲过一些。

南师：这个就是我几十年看到的，这叫学院里的学僧，还是正统佛学院出来的，都是这一套知识，讲起来满口都知道，好像敦煌壁画上的那个飞天仙女一样，都会飞的，实际上都脚不着地，也没有错。那么你出家这些年，修持上没有其他的，就是说还在摸索、徘徊。

僧庚：我对中观般若、瑜珈也比较喜欢。

南师：对中观瑜珈的喜欢，据我听你讲话，是意思上面偶然高兴的喜欢。等于那位法师，他学经济的也喜欢艺术一样，是偶然的。比方吃饱了饭，偶然来点点心也蛮喜欢，重点还是吃饭。有什么其他的问题？你刚才几个大问题啊，都有记录的，逃不了，是我给你逼得逃不了的，不是你逃不了啊！那么你现在个人的小问题没有了？就是这样？

僧庚：对对对。

南师：有道没有道我不问，先问你有腿没有腿？那么，两条腿盘起来打坐可以多久，多长时间？

僧庚：大概有半个小时到一个小时。

南师：再长一点坐不下去，有没有坐过？

僧庚：再长一点要很勉强了。

南师：对。你每天这样坐多少次？

僧庚：就是早晨和晚上。

南师：坚持吗？这五年同念佛一样，不坚持吧？偶然佛来念你吧？

僧庚：晚上都要坐的。

南师：啊！晚上一定坐。早晨起来不一定坐了？

僧庚：早晨起来有的时候就不坐了。

南师：对，你现在负责什么工作？

僧庚：在郑州洞林寺负责。

南师：哦，你是当方丈住持？

僧庚：不是，不是，暂时在那里照理一下。

南师：不管，也是暂时的老板嘛，做头头嘛！那个庙子有多少僧众啊？

僧庚：有二十几个。

南师：那这一次怎么会有机缘碰上？哦！对，你也是那里的弟子，因此来的。那我了解了，我们等一下讨论。你的问题都留在这里，还有别的没有？

僧庚：没有了，没有了。

南师：哦！好，那还有哪一位？

僧辛：阿弥陀佛！我叫某某。

南师：噢！常住院的堂主。咦！他好像有三十几、四十岁吧？

僧辛：四十了。

南师：古道，好像他年纪比较大一点。他是你师兄，怪不得，我看是有点你师兄的资格。请说。

僧辛：出家时间虽然是很长，各方面都是不太深入。

南师：你是西北人吗？哦！河南人。出家先习武啰，现在是在常住院，不管禅堂了。这个常住院是少林寺设立的，等于丛林下挂海单，永远在这个庙子上常住（古道师答：等于少林寺常住的大众。），以前丛林叫子孙堂。你的问题在哪里呢？讲平常的用功，还是从武功讲起，也可以。讲武功，我嘴巴上也蛮内行的，实际上没有你们的工夫。我们谈一下武功也可以。

僧辛：就是啥都做过，都不太深入了解，谈不上啥交流。

南师：你住过扬州高旻寺吗？金山也没有挂单过吗？

僧辛：没有。

南师：哦！这样，古道你替他讲也好啊，你比较讲得清楚。

古道师：当过会计、监院，一直都是朴朴实实为常住院工作，上早晚殿堂。

南师：老实修行的一个人，那出家二十多年了？（答：二十二年。）在那里规规矩矩地做一个出家人，嗯，真正少林寺的大柱子。某某师父！你有没有什么特别的意见、问题，我们俩讨论？等想好了，明天后天都可以。那么你平常早晚是一定打坐的吧？

僧辛：也不经常坐。

南师：那么你每天都练武功吗？到现在没有间断过吧？

僧辛：也不经常，忙起来就不练。

南师：你年轻的时候练的什么拳呢？练的哪些工夫啊？

僧辛：少林拳。

南师：普通一般少林的，没有特别的？哦，好，那我了解了。现在是南方来的法师，老朋友，请说。

僧壬：阿弥陀佛！我是武夷山来，这次非常感恩，南老师给我们这么殊胜的因缘，成就了我们。刚刚听了各位同参道友的学习心得，应该说感受很深，他们对宗对教都有非常深刻的了解。我出家是比较多年，但是不通宗也不通教，当然学习修行也谈不上。但那么多年在佛教寺庙里，现在谈谈个人的感受。

南师：对，这个最好。

僧壬：我想我们出家，真正最重要的问题，就是解决生死的问题，但是我们对生死了解还是不够深刻，也可以说对生死还是不切。因为任何一个人的出家，都有他的一定因缘。记得我一九八〇年出家的时候，第一次我到鼓山，想在鼓山出家，就拜望了当时的普雨大和尚，他是鼓山的方丈。

南师：那他年纪蛮大了？

僧壬：哎！那个时候七十多岁。他问我，你为什么要出家？

南师：对。

僧壬：我那个时候很胆小，一看到大和尚，很威严、庄严，很怕。但虽然怕也勉强讲出来了，我说我是为了“了生死”。实际上来讲，那个时候也不知道什么叫“了生死”。他讲，你这句话是学来的，不是你内心上讲出来的。

南师：了不起。

僧壬：但是在我当时来讲，应该真的是从内心上讲出来的。因为我出家有个因缘，简单地讲一下，跟大家分享。

南师：详细讲，我们好讨论。

僧王：哦！谢谢。我七八岁的时候，得了一种病，这个病也不知道怎么来的，就是两条腿，开始可能还会走一点，不知不觉中就不会走路了。后来慢慢就躺在床上不会走了，也就是下半身都不会动。当时就到各个医院治疗，又针灸啊，各种方法都用过了，还是没有办法治好。那是“文革”以后，这个佛法基本也看不到，但是我家里头，应该是很好的因缘，我父母都信佛，周围很多居士。有的跟我母亲讲，你这个孩子啊，只有一种办法，有一种经，叫《金刚经》，念那个经会好。当时反正就是死马当做活马医吧，就从医院回家了。

以当时来讲，“文化大革命”时期，对佛法的控制是非常严的，应该说，一般的人家里头没有这个经。但是我家怎么会有这个呢？因为我母亲非常信佛，“文革”的时候，那个师父讲，马上要破“四旧”，佛像都要打掉，经书都要烧掉。我这个经书，你帮我挑到你家里头去。那个时候应该是冒着生命危险，就把经书挑到家里头。所以我家里“文革”的时候藏了很多的经书，其中就有一本《金刚经》。

从医院回去，我母亲就把我放在楼上，就吃长素，每天早晨念七遍大悲咒，手拿《金刚经》。就这样子，念了七天后，这个腿真的就好了。所以说，在我很小的心灵里头，对佛教的向往和信仰应该是非常真诚。这个是六七岁的时候就已经有这么一个因缘了，所以我十三岁的时候就皈依了。皈依以后，一般到其他地方都不会很感兴趣的，就是到寺庙去特别感兴趣。我始终在想，为什么对寺庙会有种向往，感兴趣，到现在我也说不清楚，也只能按佛教来讲，是一种缘分的问题。

我高中毕业以后就出家了，我当时发了一个愿，因为我想，如果没有佛教，我那双腿肯定不会好，那肯定也就没有我今天，所以我当时发了什么愿呢？佛法给我新生，我为佛法一生！佛教啊，给我新的生命，我必须把我的生命再奉献给佛教，回报它，是带着这么一个愿出家。当时出家在福州，但是我出家之前，那个时候刚好经常看《西游记》。我看了那个唐僧、孙悟空，我想我将来出家一定要像唐僧穿着红祖衣一样，那多庄严啊！那时很小，也不知道什么，心里头就想，我如果出家能拜一个禅宗的大德师父，该多好！那个禅师啊，非常洒脱，非常潇洒。但我什么也搞不清楚，只是有这么一个想法啦！出家以后，总是没有遇上禅师的因缘，但是心里头对禅宗，始终特别的向往。

后来，就是一九八〇年十二月份，就到苏州灵岩山读佛学院，我的剃度师父就是北京的上传下印法师。当时我为什么会拜他，因为我打听到，他是虚云老和尚的徒弟，他一定懂禅宗，我想向他学禅。后来我要向他学禅的时候，他说自己也是念佛的，没希望了，我就在灵岩山学净土，就一直念佛。对念佛，在我的个人感受是这样子，因我喜欢禅宗的理，就用禅宗的理念来指导我怎么修念佛，那念佛里头啊，我个人呢，有一次……

南师：对不起，岔过来问一句。你用禅宗的理念去念佛，是怎么念法？

僧壬：我是这么念的啊，比如说我没有念“南无”，就是只念“阿（喔）弥陀佛”。

南师：对不起，你先停留一下。阿（a）弥陀佛，以后记住，大家改啊！念“阿（喔）弥陀佛”是南方搞错误了，你们诸位出家的注意啊！譬如你们做早晚功课，看到咒语梵音部分，有个“唵”字，在中国从清朝入关以后，大家都念成“唵（安）”了。实际上，诸位注意哦，所有的音声都是咒语。记住，这句话不是我告诉你，是佛告诉你的，出在哪里？毗卢遮那佛大日如来的经典，注意哦！“一切音声皆是陀罗尼”，一切的声音都是咒语哦！换句话说，一切音声也都是观音法门。这两个要点你们注意。那个师父不是喜欢讲教理吗？这些大教理要懂。

我十几年前在厦门，给大家也讲过吧！所有的西藏密宗的咒语，或者唐朝传到日本的一切咒语，只有三个根本音：“唵、阿、吽”。我们早晚功课本上写的这个“唵”字，为什么都念成“唵（安）”呢？因为唐代的音，用闽南话、广东话是“唵”是“嗡”音，所以西藏现在念咒语，你看，“唵嘛呢叭咪吽”，唵（嗡），头部的音，这样念的。后来蒙古人学西藏，但是蒙古人发音有鼻音了，由“唵（嗡）”变成蒙古发音，到元朝由“唵（ang）”慢慢变成南方人“唵（安）”了，现在放焰口念成“唵（安）”，小调了。

呵！我还经常给你们讲故事。我小的时候，别人家里死了父母，请和尚来放焰口，我的同学就来叫我：“快来，今天晚上去看和尚戏。”我说：“和尚戏，谁演的？”“和尚演戏啊！来来，去看放焰口。”焰口就是瑜珈焰口，那个和尚坐着，念“唵……嘛……呢……叭……咪……吽”。

我同学说：“你听吧，这个好看吧？”

我说："好看啊！"

他说："他在骂人唉！"

我说："他怎么骂人啊？他不是唱得很好嘛！"

他说："唵，你妈听我哄。"

"你妈"，因为死的是老太太，我们南方人骗叫哄，就变成"呃，你妈听我哄"了。"唵阿吽"是根本音，"阿弥陀佛"是阿部的音，根据原来的梵音（Amitabha），"阿"是开口音，一切音声都从这个开始，所以，华严字母第一个音是"阿"字。你听宏忍师唱一下，她华严字母唱得好，只唱两个音就可以，我再说明一个事。（宏忍师示唱华严字母）

谢谢！刚才你们听到了，我看你们一听这个唱念，心境都宁静了，这是观音法门。所以，庙子上早晚的五堂功课，正统唱得好的，叫软修法门，这个法门可是软性的，柔性的，降伏一切魔。"阿……"一开始唱，一切魔都下去了。所以，刚才宏忍师在唱这个字母，"阿"字发音的转折，"阿、欧、乌"这些音是翻译过来的，我们中国的反切音，注音字母是这个来的，是佛学里头来的。你想，假使在嵩山少林寺，几百个和尚夜深人静，同声这样一唱，整个的山林都变色了。那个庄严那个伟大，可真是不得了。要唱正统的哦！唱得像现在唱戏、唱歌一样时髦，那就不行了。像时髦摇滚乐"嗨哟嗨哟"，就动起来了，所以念咒子念经，像摇滚乐的音乐，那是害人。要注意，这个软修法门是佛法里很重要的，所以唱念一定要学好。

刚才讲到"阿"字，所以叫她唱一下，"阿"字是开口音，为什么开口，一切众生不管猪牛狗马人，一生下来第一个发音，开口就是“阿”字，那个小孩子生下来，“阿，阿”，第一个只会“阿”字。“阿”字开口，“喔”不同，你看你念，自己念“喔”，嘴巴要合拢，声音向下堕的。这个“喔”字音在华严字母由“阿”字唱念转折，穿插的有一个“喔”字在里头。转好多次了，才转到“喔”的音。

所以真正念佛净土法门，念的是“阿……弥陀佛”，你们应该晓得，“南无”两个字翻译的是皈依，“阿”是什么？“阿”字的发音是梵文，无量大，无量无边，不可知，不可思议。八千万亿法门都在“阿”字里头，不可知、不可数、无量无边。“弥陀”，刚才这个师父，还有一位师父讲到光明，“阿弥陀佛”，就是无量的光明，无量的寿命，宇宙万物都毁掉，只有光不生不死，它永恒存在，所以叫“阿弥陀佛”，无量光寿。因此中国的道家，把“阿弥陀佛”拿去，见了面讲成“无量寿佛”，实际上他在念“阿弥陀佛”。净土宗有本经典，不是弥陀经，叫《无量寿经》，就是《阿弥陀经》的广本。“阿弥陀”就是无量寿无量光。所以念成“阿”字，你们千万不要念成了“喔”字，要改正。不过他们念惯了，如果功力很深，你不要叫他改了，念错了也可以成功的。

你们看过我的书上有个故事，你们记得吗？当年，在西藏边疆山沟里头，一个清苦寒冷的地方，有个可怜穷苦的老太太，住着茅棚，坚强活着。老太太有一个本事，就是会念“唵嘛呢叭咪吽”这一句。有个喇嘛活佛，从西藏到汉地四川来弘法，以前没有公路哦，都是走路或骑马出来。他走到山顶上看到山沟里，哗！有五色的祥光，光明闪亮，不得了，这一定有得道的修行人在里头。这个喇嘛就从山上慢慢走下来，走到山沟里一看，是个很穷苦的老太太，他就向这个老太太行礼。这个老太太以为喇嘛师父来化缘，她说，哎哟，我穷得不得了，也没有什么供养，就把吃的杂粮糌粑供养师父，师父马上接受了，说谢谢。因为最穷苦老太太的这一点供养，等于有钱人多少亿也不止。师父就问老太太："你在这里多少年了？"

"三十年了。"

"你学什么佛法？"

"我什么都不懂，师父啊！"

"那你做什么？"

"我只会念唵嘛呢叭咪牛。"

原来他在山顶上看到空中这样大的五色的祥光，就是这位老太太的。他说："老太太，你怎么念啊？"

"唵嘛呢叭咪牛、唵嘛呢叭咪牛。"

"唵嘛呢叭咪牛、唵嘛呢叭咪牛"，等于我们"阿"字念"喔"字一样的。这个活佛一听，他说："哎呀！老太太，你真了不起。不过你念错了三十年，不是唵嘛呢叭咪'牛'，是唵嘛呢叭咪'吽'。"老太太说，"哟！师父啊，我三十年白念了，原来是唵嘛呢叭咪吽。"师父告别了，到了山顶，回头一看，没有光了，这个活佛一想，哎呀！坏了，我害了人。她三十年念下来已经成就了，念者念也，念是心念，她心念一起疑情就完了，什么都完了，贪嗔痴慢疑，一疑，什么都垮掉了。这个活佛一看，"嗨呀！罪过，我的罪过啊！"赶快跑下去，再找到老太太。

“哎呀，师父你又来了。”

他说：“我对不起你。”

“什么事？”

“我刚才跟你开了一个玩笑，你那样念是对的，我讲‘唵嘛呢叭咪吽’是开玩笑的啊！”

老太太说：“哟，师父啊！不要跟我开玩笑啦！我对的吗？”

他说：“你对的！你对的！我那个‘唵嘛呢叭咪吽’不对的！”

活佛到底懂方便，所以教你们告诉人家念“南无阿弥陀佛”，万一她念了习惯硬不肯改，接着念“阿（喔）弥陀佛”喔下去也能成就，反正佛法是圆融无碍的啊！

“吽”这个发音是“哄”，丹田的音；“阿”是开口音；“唵”是头部音。“唵”不是“安”哦！你看嘴形，最后闭下来那个音，那个带到头脑，一念“唵（嗡）”字，头就出汗了。所以学瑜珈的，就只念一个字“唵……”，这个气就向上面冲动了。“阿……”，这样打开你一口气念完了，不要故意去吸气，你自然吸气。譬如像刚才僧丁师父讲，胸口这里一坨难过，不要说他的大悲咒已经见效，就是开口念“阿……”一个字，这口气统统念完了，杂念也没有，妄想也没有，一下都彻底清明。

“吽”是短音，不是连着念，“吽”用丹田气，“吽”从丹田里发音的。所有烦恼出去，所有罪业都出去了，你念念看。这是念咒子，所以咒语音声，刚才因为壬法师报告到念“阿弥陀佛”，我岔断你的话，就引出来这么多，又请宏忍师父唱正统的华严字母，现在请你继续讲念佛的心得。

僧壬：非常感恩我们的南老师，给我们这么多善巧方便的开示。记得九十年代，还没见到我们南老师的时候，我看到他的照片，读完他的著作，就常常想，如果哪一天能够见到这位老师，那多幸运哦！佛教里头讲因缘，“诸法因缘生”，因缘成熟了，应该说第二次见到南老师了。刚刚我们听到宏忍法师，这种震撼人心的音声，是发自于自性的声音。“阿”，让我们每个人都能融入这个声音的世界，仿佛这个声音把整个虚空都笼罩了。所以，一切音声都是陀罗尼，这实在是了不起的啊！

我刚刚讲了念佛，实际上我在念佛以前，也参过禅，就是参话头，参“念佛是谁”。没到灵岩山之前起了疑情，一直在参。有时候参的时候也会得到一些轻安。念佛的时候呢，我刚刚讲了，就是念“阿弥陀佛”啦，现在改过来还是有点困难。因为我看过《小止观六妙门》、《摩诃止观》，数息也数了一段时间，后来我学净土，我改变一下分开念，“阿弥”就让它吸气，“陀佛”就让它呼气，我是用这个方法。刚念我觉得感觉挺好，有时候念得满身轻安，这个时间是不长的，大概有个十分钟二十分钟，基本上达到一种仿佛是忘我的这么一个境界，但只是一瞬之间。所以我念佛基本上是这么念的。念了一段时间，没有妄想，我就停了，有妄想，提一个字，再有妄想，再提一个字。这个提一个字的时候呢，我观照自己这个妄想从哪里来，到哪里去。如果没有起妄想的时候，第二个字我就不念了，用观照般若这个方法。这样子念的话，效果挺好。这样的方法，是因为我蛮喜欢禅宗的吧！当时我看了《虚云老和尚开示录》、《来果禅师禅七开示录》，还看了《六祖坛经》，触动比较大。我想问问题，就是六祖大师第二次听到《金刚经》，“应无所住而生其心”，“无所住心”这个心到底是个什么心？这是一个问题。

第二就是，二祖慧可大师请教初祖达摩大师，说请祖师为他安心，达摩大师说，把你的心给我。那这个时候，二祖慧可就马上回观返照，寻找那个不安的心，但是找遍了整个身内身外，找不到，这个时候，二祖讲“觅心了不可得”。达摩祖师说，我已经为你“安心竟”，我把你的心已经安好了，这个时候二祖当下开悟。我一直在思考这个问题，就是说“觅心了不可得”，就是不可得这一颗心，这个寻找来寻找去都一直不可得的这个心，跟前面《金刚经》“应无所住而生其心”，这两个心是不是一样的啊？

我现在事情比较多，就是起先南老师开示我们的，惠明大师向六祖求法，六祖告诉他，“不思善不思恶”，这个不思善不思恶这颗心，只是第六意识的无分别心。就是说，我经常对这个心，比较触动。有时候我坐在那个地方，就在观心，这个心在不思善不思恶的时候，我的心在何处？过去心不可得，未来心不可得，现在心也不可得，什么三心了不可得，这个时候我们的心在哪里？我是这么一个想法啊，不知道是对不对？就是当我们在不思善不思恶的时候，比如二祖说“觅心了不可得”，他去寻找的这个心，是不是他的本心？他怎么去觅心，什么人在觅？谁在觅谁在寻找？这个禅宗里头啊，就是层层剥离，一直在追因啊，一直追到山穷水尽的时候，追到不可再追，就是“百尺竿头”的时候。我就想问这几件事，请南老师给我们开示开示。

南师：那就是你这几年一直都在这个里头用功吗?

僧壬：对，都在这里。

南师：就是提一声佛号。

僧壬：对，我基本上就可以达到这个，比如说，我坐下来，两分钟马上就可以进入这个境界。

南师：呃，那晚上我跟你玩玩禅宗吧。

僧壬：呵呵呵！阿弥陀佛！

南师：达摩祖师问二祖怎么问的，你找我干什么？不要照你们那么讲。你们是照书本上记的讲，那个禅宗就被你讲死了。是这个姿势，“喝！你心不安，拿心来，我给你安！”二祖说，“找不到心”，文字叫做“觅心了不可得”，你以为二祖那个时候还去找心吗？他这样一问，二祖一愣，心是找不到的，“觅心了不可得”，并不是说听了达摩讲的话，再去找那个心。二祖原来是个大学者，也在香山打坐九年了，那么笨吗？你们书都没读懂。

达摩祖师说：“拿心来，我给你安！”“师父啊，心找不到。”“好了嘛！”就是这个，“我为汝安心竟”。你们照文字一讲，呀，我已经把你心安好了，还打起桩子来！这叫禅吗？听懂了吧！我现在演禅宗给你们看，你懂吗？

所以禅宗祖师叫棒喝，这样讲“拿心来，给你安，来！”一下就把你所有的妄心都吓住了，没有了。“师父啊，心没有了，找不到。”“噢，好了嘛！”就这个道理，听懂吗？照你那么解释，东一针西一线，王大娘的裹脚布越拉越臭越长，那还叫禅？

在大庾岭，惠明最后拿不动衣钵，就说："师父啊，我不是为衣钵，我为求法。"好，什么都不要想，善的不要想，恶的不要想。呃，他停了一下，"我问你，这个时候，你的本来面目在哪里？"这个时候惠明开悟了，开悟是晓得一点点。如果照文字问我，"南怀瑾！你不思善不思恶，现在是什么心啊？"我答："我不思善不思恶这个心。"那你怎么办？六祖也拿你没办法啊。不思善不思恶，这不是一个心吗？不过，这个心在干什么？在不思善不思恶而已嘛！还不是仍然有一个心。懂了吧？这叫禅宗，禅宗不能讲，一讲就错的。就是这个小朋友讲的，这就是事入，也是理入，看你证得来否！证不来，在临济就是说，懂了吧？不懂，去！出去！这叫临济喝。你以为动不动人家一进来就给他"喝！喝！"，那临济不是疯子，一天到晚在喝吗？喝个什么啊！他只是对机应教跟你讲，你听不懂，去去！这叫喝。

所以云门是三个字："顾鉴咦"，我说你们懂个啥啊！大家乱讲禅宗，顾是怎么顾啊？一进来，他盯住你一看，走几步路盯着，看着你；"鉴"，仔细观察你；最后看你，不对了，"咦，去吧！""顾鉴咦"那个"咦"，就是看了半天，你这个家伙算是什么参禅！"唏，咦！"江南人一看这个东西臭死了，喜欢说"咦，这个臭死了。"这叫"顾鉴咦"。这是禅宗的教育法，还跟你们坐着这样谈，这样讨论，这样研究？这叫参禅吗？参个什么啊！

"觅心了不可得"，"过去心不可得，现在心不可得，未来心不可得"，佛都告诉你，空了就对了嘛！你还要去找个心，还在那里东找西找，那就越找越远了。

嘿！禅宗，所以我说你们现在参禅，语录都看不懂。有些祖师是福州人，他讲那些话是福州音，你乱猜再加文字解释，完了！所以我说，到了广东以后，才懂了达摩祖师答梁武帝的话。达摩祖师初来，先到广东上岸，学的是广东话，广东话在南北朝到唐朝时是国语，福建话是宋朝那个时候的国语，我们现在讲的国语是北方来的，就是河北的话，加上满洲蒙古话改良的。

所以语录上讲，梁武帝问达摩祖师，“什么是圣人?”你们看到“不识”两个字，认为是“不认识”，错了。“唔识”，广东话“不知道”，闽南话叫做“莫宰样”啊！什么是佛啊？“莫宰样”啊！就是不知道，有个知道，已经不是了。语录不是文字，语录就是白话，你看现在白话文写的“的呢吗呀啊”，就是古文的“之乎者也”，这在当时也是白话。

休息休息再说，吃了一点禅味了吧？禅，你们没有吃过的，还不知道。所以我是几十年没有讲过禅宗，一讲禅宗，早把你们吓跑了。五祖演曾说，我一辈子也没有讲过禅哪！他说我不敢讲禅宗，我要真提倡禅宗，“门前草深三尺”。怎么叫“草深三尺”？懂不懂？鬼都不上门了！

不要急，不要催时间，休息一下再来。他们年纪轻，为他们多讲一点。

讲禅宗是“门前草深三尺”，你们还要恢复禅堂，“你妈听我哄”，呵呵呵呵！

第五堂

内容提要：

佛为什么来

你为什么出家

释迦佛修什么

诸位回到本位。我们今天第一次见面，今天一天就过去了。你看光阴，诸法无常，一切皆空，过了就没有了，再拉也回不来了。拿文学境界，唐人的诗来形容，“江水东流去不回”呀！你们早晚功课念的，“是日已过”（众说：“命亦随减。”），对呀！我们的寿命少活一天，等于鱼一样，少了一口水了。这个生命是无常，你看我们大家约好十六号，这里大家为了欢迎你们这些大师大菩萨来，不晓得怎么弄，紧张得要命。结果忙半天，你看就是那么玩一下，一天就完了，生命多短暂，这个里头都要体会。

今天刚开始，因为我跟你们都没有见过面，或者见过一两次面，都不了解。平常我跟你们见面，就是随便世法的应酬，你好我好大家好，彼此骗几句话，你骗我我骗你，恭维一顿，“哎呀，老师早，老师好，老师不得了，老师起不了。”都是随便应酬，一讲起真话，就那么短暂。

现在我们以禅宗来看三藏十二部，看显教，看密宗，看八万四千法门，都是乱说。为什么世界上有个佛，大家知道吗？从印度开始，到二十八代达摩尊者来中国以后，直到现在，以禅宗的传统，历代禅宗祖师告诉你一句话，“佛为一大事因缘出世”。

佛本来不需要来的，就为了一件大事情来，什么大事？

生死问题。人怎么生来，怎么会死掉？既然人生来又会死掉，何必生来呢？所以当年在杭州，我还年轻，十几岁，到基督教堂听神父讲，上帝创造了人。下课后，我说，你乱讲，上帝照自己的样子创造了人，上帝很胡闹的，既然造出来又何必死掉，不是多余吗？你说照他的样子，他的样子就很不好看。造人也不会造，你看前面这一面，眼睛看见、耳朵听见，都在前面，后面什么都不知道。把人造成这样，完全造错了的。鼻子放在这里。完全不对，鼻子倒转来长，我们铅笔一放就放进去了，牙刷有时候就放这里了，嘴巴长这里错了，长头顶这里嘛，吃饭一倒就可以了。眼睛嘛，前面长一只，后面长一只，也不会出车祸。耳朵，上面长一只，下面长一只，地下也听得见。他乱造，还没有我造得好呢！我们当年研究基督教的时候，我说，你们那个是乱扯，不听不听。

那佛为什么出世？佛为一大事因缘出世，生死问题。为什么我们人会生来，为什么一天天会过去，会老会死去？这个宇宙万有，这个世界形成了，将来有没有世界？会不会毁灭？都是生死问题。佛是为这个事情来的。

古道师告诉你们的，到老师那里谈话有个毛病，讲一半，会问问题，赶快准备。我笑古道师，乱漏消息，这个你准备得了吗？你准备了我也许不问，不准备的我偏要问。

现在我问你，你们都是出家学佛的，佛有十个代号，第一个代号叫什么？谁答出来？（僧甲：如来。）你答一半，本来想给你一块，现在只有五毛了。第一是如来应供。所以你要读大藏经啊，古代有一些佛经，有些翻如去，好像走掉了，其实没有走。如来，好像来过这个世界，又像没有来。可以翻如来，也可以翻如去。

佛的号第一句就告诉你了，这就是禅，好像来过，释迦牟尼佛是不是好像来过啊！好像也不是他（指座前的释迦佛像），这是塑造他的样子，他好像来过，也好像不在，其实还在，所以如来如去。如来来干什么？应供。应是什么？答应，需要，相应，我们需要找个对象来崇拜、供养、求法。所以如来应供，是第一个名号。刚才僧甲答复我，“如来，应供”，不对的，那变成十一个名号了。

第二个名号叫什么？（答：正遍知。）答对了！无所不知，什么都知道，世界上没有一件事情他不知道，天上天下无所不知，而且他是“正遍知”，不是偏向的“偏”哦。

第三个呢？（答：明行足。）你倒蛮不错，年轻人。明行足，一切都明白，大彻大悟。修神通有神通，修智慧有智慧，修什么就是什么。一切的明行不只是通哦，通只不过是个通，光通不明不行哦。所以五通是马马虎虎，小乘境界，大菩萨是五明，什么都透彻了，这叫“明”，所以明行具足圆满。

第四个呢？“善逝”，如去。怎么叫“善逝”？中文两个字你解释，会吗？拿白话来解释，啊，你（僧甲）声音只有这样大？大一点行吗？（答：消逝了。）讲文字没有错，他讲得对。消逝的“逝”，讲白一点“死得好”，善逝，好好的死，不是痛死不是苦死，也不是别的死，是走得特别干净。相对的是“如来应供”。

第五个，“世间解”，这是讲入世的话，世间一切无所不理解。上面四个答复这个代号，代号就是绰号了，你们看过《水浒传》吗？你懂不懂《水浒传》的绰号？你讲讲看，把外号跟本名两个关系合起来。

僧乙：我觉得绰号有一定的含义。

南师：对对。怎么样含呢？其实我书上都有，你看“及时雨——宋江”，下雨了，你看多好，夏天正需要，送到江里去了，这个雨一点都没有用。

“智多星——吴用”，智慧很高，本来很好，结果叫“无用”，一点用都没有。

“黑旋风——李逵”，像本如师古道师，经常没有理的时候，就要跟人家打架，道理亏了，只好拿拳头出来乱打。

“霹雳火——秦明”，那个脾气大的人，就蛮好，他们道理很明白。

“两头蛇——解珍”，这个家伙两边挑拨的，这种人啊，现在社会上很多。做老板蛮发财，还升官，两头蛇，东拍马屁西吹牛。你把《水浒传》一百零八将的绰号跟名字一配，原来是骂人的，骂得一塌糊涂。

所以，佛的十个名号，“世间解”，世界上，你讲话讲不过他，他什么都给你解答得了。下一个是“无上士”，没有一个读书人智慧能超过他的，是至高无上的知识分子。然后是什么？（僧乙：调御丈夫。）“调御丈夫”，最好的教育家。他晓得怎么教育你；这个该修白骨观，那个该修止观，这个该参话头，那个该念咒子，该念大悲咒，他知道每个人的根器，都清清楚楚的，像调马一样都给你调好。“天人师”，人中之师，天人之师。然后呢？“佛”；还有一个是“世尊”，世界上最了不起的。所以如来有十个代名称，这十个别名是勉强形容。总而言之，他这个人，行为也好，智慧也好，你形容不完的，是多方面了不起的一个人。

现在我们回转来，佛为什么来？禅宗讲，佛为一大事因缘出世，就是告诉我们生死问题，整个的佛法为了了生死问题。所以我常常讲，现在外国科学开始研究生命问题，生命来源。你晓得现在的人为什么到太空上去？那是为了追寻那个生死根本是什么东西来的。人类几千年都在追求这个，所以才有不同宗教，也有哲学、有科学；佛教里头则有禅宗、密宗，各种宗，八万四千法门，大家都是修啊修啊，不知道修个什么！为什么出家要修行，自己也搞不清楚。出家不是玩的，先要搞清楚自己的问题，都是为了如何了生死。生命是怎么来的？怎么去的？参话头叫你参的也是这个。现在人叫你乱参，参个“念佛是谁”，在过去这个是最差等的话头，所以不参这个。这是宋、明以后的事，因为净土宗流行，才参这个话头。

过去叫你参的话头是“父母未生以前本来面目”。爸爸妈妈没有生我以前，我究竟是个什么东西？哪里来的？是参这个。所谓话头，就是问题。现在都参这个“念佛是谁”？这个话头现在最不能用了。像我年轻时候一提这个话头，我就笑，这还要参？你问我“念佛是谁”？我说“是我”，我在念佛；“谁是我呢？”哎，我说那是问题了。那我现在讲话，谁在讲话啊？我怎么会讲话？你怎么会听话？你是谁？是脑袋听话？还是身体听话？还是另外一个东西听话？所以说“念佛是谁”，念佛是我啊！你如果问我讲话是谁，讲话是我啊。我不参这些的，起不了疑情，不会使我觉得是个问题嘛。所谓疑情，是提出怀疑，永远解决不了的问题。譬如云门祖师，人家问他什么是佛？“干狗屎”。那你怀疑，那么伟大的佛，他叫“干狗屎”，这是什么意思啊？这也是问题，所以叫参话头。参话头三个字是研究问题，参话头的路线怎么走？方法怎么走？慢慢讲给你听。

先说佛为一件大事因缘出世，告诉你如何了生死，生死怎么来的。我们今天剃了光头，离开父母家庭出家，不是出来玩的，目标要搞清楚，是跟佛去学，不是研究学问哦，所以我常常叫你们参什么话头啊！我说你们最好参佛，他现成的太子不做，现成的皇帝不干，现成的老婆那么漂亮的两三个，还有很多宫女不要，现成的功名富贵，都不要，为什么跑去出家？也没有人家打他的国家，什么也没有，他为什么走？

我说，那样才叫学佛。你们年轻人学佛，“我说你贵姓啊？你爸爸干什么？”“我爸爸做皮鞋的。”那释迦牟尼佛爸爸不是做鞋子的，他是做皇帝的，他连现成帝王都不做，跑出去出家。我说你们学佛，等于许多读书人告诉我，“老师，我要替你做事。”我说：“多少待遇？”“哎，老师，替你做事还要钱吗？”我说我最讨厌这个话，读书人口口声声不要钱，不要名不要利，我说我想求名求利，求不到哎！只好说不要。怎么不要名不要利呀？求不到，假充清高。

释迦牟尼佛什么都现成的，为什么出去出家了？这是话头。你们都是佛学院出来的，有没有研究过他？怎么不参这个话头？

你看佛经把释迦牟尼佛描写得好笨喔！哎哟，今天出了东门，看到老头子，就问旁边的，这是什么？这是老先生、老太太。“怎么那么可怜？”“哎呀，太子，你不知道，人活着慢慢就会变成这样老。”他看了很难过，回来了，第一天懂得老。第二天又出西门，看到抬死人，“唉，这是什么？”“人死了，死了就抬出去埋了。”唉呀，很可怜，又回来。

好笨哪！他会那么笨吗？四天出了四门，才知道了生老病死苦，真是把他写得笨透了。“生老病死”是人生四个阶段，一定会老会死，人能不能逃过生老病死？生老病死是谁也逃不了的，但是怎么生怎么死？这是大问题，所以他是为了这个去出家。此是一。

其次，他为什么太子不做，现成皇帝不干要出家？他看到世界上就算做一个了不起的皇帝，把国家整治太平，但是不到二十年还是乱，想几十年天下社会不乱，永远做不到的。其实啊！一年都做不到，人类社会吃饱了就闹事；所以认为做皇帝用政治不能解决问题，那是人性的问题。他出家就是要去找这个答案，他看透了生老病死，自己晓得，就是做了皇帝这个世界他也平不了。那么总有一个方法，使世界永远安定，人生永远平和，因此，他要去找这个，他舍弃太子权位，出家了。

出了家以后，还要十二年修行，为什么不修十三年呢？又不修九年呢？印度当时不是佛教，出家不是他创的啊！印度几千年的文化从古代到现在还是一样，出家修行的人多得很哟。所有印度各种各样学派，婆罗门教、瑜珈学派等等，到印度观光是看不到的，要深入山里，会看到很多人在那里修的。我可以拿照片给你们看，有些人打起坐来，一只手一举十年二十年，就那么举着，那个手看到已经不是手了，像一棵树一样，有些人是跷一只脚。

最近尼泊尔释迦牟尼佛家乡，有个年轻人十六岁跑到森林里头坐了六个月了，现在政府都把旁边围起来，不准人进去打搅他，又怕他饿死了。所以释迦牟尼佛当时出家，他要找一个方法修，他最初修无想定三年。大家都想打起坐来入定，以为什么都不知道才叫入定，如果仍然清楚知道就不叫做入定，这根本是错的啊！以佛的智慧、聪明，修了三年才练习到无想定，把思想整个关闭了，一点都不想，之后，经典上怎么讲？四个字："知非即舍"。他知道错了！这不是道！这个用人力可以做到，硬把自己脑子聪明变成大笨蛋。

但是你修修看，修到真的心里永远什么都不想，不想的都不想，能够做到这样吗？现在学佛的人第一个错误，一上座都想去除妄想，以为妄想是错。你就问问他，你是想学无想定吗？就算学好了也是个外道，佛修到无想定，但他知非即舍，错了，这不是道。所以说，打坐坐在那里，能够做到无想就是道吗？妄念不起就是道吗？有人说："老师啊，少林寺有个和尚打坐三个月不动。"我说北京很多庙子前面那个石狮子，坐在那里几千年也没有动过，那也得道了吗？所以说，无想不是道哦！

这个无想定还容易，他离开了这个师父阿罗逻，再找一个更高的师父优陀罗罗摩子，学"非想非非想定"，这个更难了。无想定既然不对，佛就另外修个法门，"非想"，不是妄想，"非非想"，并不是说没有想，但不是不知道，也知道，还是有知性。这个难吧！你想想看，你们打坐修过什么定？

非想非非想定，这也是外道的，他也学了，练了三年才成功，这就是最高的定了。结果又是四个字："知非即舍"，这不是道，走了。印度这些有高深工夫的境界，他什么都学了。尤其这两派最高的他也修到了，知道这个不是道，不是菩提，也不是了生死的究竟，是用人的思想精力可以做到的。等于最高武功也是人练出来的，练得出来的就会有，不练就没有，有生就有灭，这不是道。因为佛要求证的是不生不灭的，所以把不对的都舍掉。

因此一个人跑到雪山，个人修苦行六年，自己找方法。六年当中，在那里修过气功，庙子上《大藏经》戒律部分都有，你们也不看。他也修苦行辟谷，不吃粮食，最后一天吃一颗水果，都干瘪了，慢慢由二三十岁还不到的人，变成老头子。他自己跟徒弟们讲，当时在雪山练气练呼吸，练得头痛脑胀，头脑好像要裂开一样，他知道不对，所以放弃了，气功也不练了，也不辟谷了。这样前后十二年。然后下山再重新吃东西，恢复年轻体力，然后到恒河边菩提树下来打坐。像现在印度，还有个十六岁年轻人学他那样，在森林里六个月了，还有录影出来。

佛为什么经过十二年修持，然后在菩提树下成道，讲出来那么多法？这都是问题。刚才说过佛十个名号，第四个是什么？"善逝"，他还是走了。咦，他为了了生老病死而修行，但他照样的生老病死！这是什么道理啊？他也没有跳过这个过程，也有生，也有老，也有生病，也有死亡。所谓不生不死，不生不灭的东西，到底是什么东西？学佛要从这里开始！这就是话头，疑情，从这里慢慢去追寻。然后你们研究禅宗经典，光看达摩的理入行入不够，还要参看其他佛经。

我们今天到此为止，先提出来，学佛是为什么？为一大事因缘，追的是了生死问题。如何去了？如何去修持？接着再慢慢讨论。不管渐修也好，顿悟也好，什么中观也好，瑜珈也好，我们要好好讨论研究。这几天不是光听哦，你每一句话听了自己要返转来，在身心做一番工夫，才不冤枉来这里一趟。不然不必跑到这里玩了，这个八九十岁老头子不好玩啊！街上好玩的东西多得很呢！既然在这里玩，就要玩个究竟了。

我们今天晚上到这里为止，休息。

第二天

二〇〇五年十二月十七日

第一堂

内容提要：

法器 法缘

活罗汉的故事

疑参破定

执着 起用

昨天乱讲了一天，我们只有三四天的讨论，是不够的啊！现在还没有开始，只了解了大家平常用功的情况。你们打坐不一定看我，只听声音，看我没有用，我是个假象啊！

有一点我先要声明，千万注意，尤其是孙大教授学问好，更要注意这个话。一个人要学佛求法，第一非要把自己构成一个法器不可；这个话你们很少听到，如果到西藏学密宗，就会听到了。

怎么叫法器？法器是个空的，比方，你要把平常所学的东西都倒光，变成一个很好的空杯子，七宝庄严的空杯子，这样人家的甘露倒下来，你才能够接受。如果说不构成这么一个空杯子法器，里头装了东西，譬如读书人，过去、现在的学者，知识学问多了，或者佛学学多了，修行永远不会成功。因为他不是个法器，杯子里已经装满了，对于别人讲的话，释迦牟尼佛讲的话，祖师讲的话，他自认是在客观地批评，这个有道理，这个同我想法一样……这就完了，这就不是一个法器了。

所以自己要构成一个法器，乃至已经完全都懂了，都先把自己的丢得光光的，听你的。自己变成一个空杯子，空的宝瓶，接受人家的清水也好，牛奶也好，甘露也好，先装满，回来再制作过。发现这个是酸奶，不对，就倒掉了。等于释迦牟尼佛学法一样，学到了，求到了，修到了，“知非即舍”，实验到了，觉得不对就丢掉。千万不要用自己的第六意识，分别知识，就来比较它，认为这个是对，那个是不对，这个符合我的意思……如果那样的话，就不要学法了。

刚才我带上来两个法器，不是为了教你们密宗，昨天要你们集合时，没有东西当号令，我觉得一摇铃，大家都听到了。这个铃子声音为什么这样好听？因为它有黄金在里头。这叫做法器。学密宗的，这个法器一定要有，这是学法的法器，所以我们晓得，学法，听人家讲的东西，最怕有主观。

先讲点学理吧！你们应该听过，后面那一位师父（僧庚）应该听过，他还年轻，我看都是中国人一句老话，满罐水不响，半罐水就响叮当。就怕学得不三不四，自己已经装满了，什么都不能接受了，那就白听了。

我学法时，法缘非常好，一辈子有个好法缘，也告诉你们经验，这就晓得我的前生、多生，喜欢结缘布施。乃至自己懂得的一些学问，就想告诉人家，拼命要讲，而且讲得透彻，怕你听不懂，想尽办法给你装进去。做到了“知无不言，言无不尽”。

所以我一生学佛，学密学禅，我没有秘密的。只要那个人肯学，我没有不肯教的。如果保守秘密，留一手给自己啊，那就自私了；我没有，我所知道的一定告诉你。所以回想我一辈子出来，从十二岁起到现在，开始练武功也好，做什么也好，都是师父找我，我都用不着找他；常遇到人说，我这个要传给你呀，我说，师父啊！我不要，我已经没有精神学了。不行，不行，我一定要教给你。我常常接受了很多东西，这就叫法缘。人生怎么有这个法缘？讲因果道理，是多生累劫自己肯布施出去，法缘自然就好，良好的因缘就来找你了。

譬如我们讲一个笑话，这一讲都耽搁时间，但是不该那么想，讲出来让你们知道也好。当年一九四九年，就是国民党被赶到台湾的时候，你们这里头恐怕还没有一个六十岁的吧？谭教授你有资格，好。我到了台湾以后，有个台湾人忽然来找我，说他是宜兰人，在宜兰山里头有很多神仙，学道家、学佛，工夫很好的，都住在宜兰山上。真的哦！有一首古诗我讲给你们听：

三十三天天重天　白云里面出神仙
神仙本是凡人做　只怕凡人心不坚

这首诗，我八岁的时候描红写来的，不晓得这首诗出在哪里，也不晓得谁作的。结果到了台湾以后，据说这首诗刻在宜兰山顶一块大岩石上，不晓得哪一个神仙刻上的。因为相传在唐朝，道家的神仙，八仙过海，已经有人到台湾了，在那里写了这首诗，所以对宜兰很有印象。

那个人国语也讲不清楚，一半国语一半台湾话，我也是三分之一台湾话，加国语，就问他：“你找我有什么事？”

他说：“我找你学佛啊！”

我说：“你怎么晓得我呢？我初到台湾，跟大家言语不通，也没有名气。”

他说：“你有啊，关公叫我来找你的。”

我说："哎哟，奇怪了，怎么关公叫你来找我？"我看那个样子很怪，眼睛很亮，像两个电灯泡一样。"你学道家的吧？"他回答："不错啊！"我说："你炼采阴补阴的啊？""对啦！我采日月精华的。"

他修道家的，每天看太阳，太阳一出海以后，两个眼睛盯着太阳看，采日的光。这样眼睛张开看，你们看过吧？不过你要晓得，修道家这个法门，是有为法，万一将来有徒弟问到，你都要懂。不过我也问他，你天天看吗？天天采吗？他说采日的精华，是阴历初一初二初三，这三天采，平常有另外的方法。采月亮的是十四十五十六，在山顶采。譬如狐狸这些动物，夜里月亮出来，会盯着月亮看，那些动物在采阴，采月亮的精华到身上。

我问他搞了几年了，他说十几年。问他师父是谁，他说是关公。没有老师，他就拜关公，就晓得什么法门可以学，什么不可以学。问他关公怎么答复，他说筊杯。台湾闽南话叫"筊杯"，用两个木片子合起来，铿呰铿啷一摇，我们求签诗，求来也要筊杯问过，如果一阴一阳，就对了；两个都是阳的不对；两个都是阴的也不对。

他说："我就向关公求，问这个法对不对，不对我就不修，最后关公叫我来找你。"他就叫我师父，我说我不是师父，那就叫先生，他说那没有意思。我说："你叫老师吧，随便叫啊。你不是我学生哦，我也不做老师的。"

"老师老师！结果我看了三年，后来不对了，两个眼睛掉出来了！"我说："眼睛掉出来怎么办？"你看这个人，无师自通。他说："掉出来就掉出来！"眼球掉到眼眶外面来了，多可怕啊！“我没有吓住我，不对我就筊杯，问师父关公，我还练下去吗？关公说练下去，所以我再练，三个月以后眼睛回去了，脑子眼睛就不同了。”哎呀，我一听，心里很想向他磕头，这种决心我们做不到，他一身工夫。他说：“我想以后的路该怎么走，就问关公，关公叫我睡觉，梦中告诉我。”你看他们的对话，都是这一套。

“结果梦中关公指出这条路教我怎么走，我一看是基隆，转了一个山头，他说这个地方，有一个穿蓝色长袍的大陆人，那是你的师父，你去找他。所以我来找你，我找得好苦啊！才把你找到。”然后他打开黄布包袱，里头包了一大捆书。我问他是什么书，他说：“我本来有个师父，是湖南人，有道的。他到台湾来，被日本人抓了关起来，说他是大陆国民政府的特务，其实他不是，他是来找徒弟弘法的。大陆人话又不通，我就很可怜他，送饭给他，照顾他。原来他有道！他说：我跟你有缘，我活不了半年了，日本人会杀了我。我找徒弟也找不到，这两套书你帮我收着，将来有一个大陆来的人，你交给他，这个人是你有缘的师父。”

越讲越神奇了，打开包袱一看，《来注易经图解》，是明朝很有名的大学者来知德的著作，懂得阴阳五行八卦。这本书外面很少，后来我就把它印出来了。第二本书奇怪了，是祝由科的医书。这个“祝由科”你们听不懂，是中国几千年的文化。这叫符箓派，画符念咒的，后来湖南郴州一带还有。以前的人生病不用药的，譬如长一个疮，他一来，“嗡……”念一下咒子，在你身上一画，手把你的疮一抓，“啪”，就丢在门上，你身上疮就没有了，那个门上就起火了，流脓流血。这是古代的医，所以叫巫医，同巫术配合在一起的。五千年文化，在黄帝的时候，这一门的医术叫“祝由科”，印度、中国都有。那一本是另外一本抄本。

我打开一看，祝由科！原本以为世界上这本书绝版了，原来还有啊！我说：“你会吗？”“不会啊，他又没有传给我。我一直保留着，日本人搜查，经过好大的痛苦，保留到现在，关公叫我找师父，现在找到您，我交给您了。”

我说：“你交给我也没有用，我也不会，也找不到传人，我将来传给谁呢？”

他说：“那我不管，关公叫我交给您，就交给您。那个师父死以前也说，将来有个师父会教我。”

所以我一生见过奇奇怪怪的这些人太多了，这是在台湾的故事，你们都没有听到过。所以你们学佛，学大乘道，要先行布施。什么都不要保留秘密，只要真理，凡是对人有利的，就要教给人。布施分两种，一个财布施，一个法布施；像我一辈子做的法布施，智慧的施舍，没有秘密，你要学什么，我知道的就告诉你，知无不言，言无不尽，叫法布施。

其实布施分三种，财布施、法布施，还有一种是无畏布施。什么叫无畏布施？（僧甲细声答）你这个小孩，你声音大一点嘛！（僧甲：在恐怖的时候，给他精神的帮助嘛！）对，精神的支持人家。我常常告诉大家，学佛有时候说谎是无畏布施。譬如这个人有困难了，“老师啊，老兄啊，你看我过得了关嘛？”“没有问题，一定过得了关，我支持你。”你支持个什么啊！自己也顾不了。可是你这么几句话，给他精神一鼓励，就过去了。譬如有一个想自杀的，你劝他不要自杀，这个事情一定解决得了，不要怕喔。这不是乱吹自己有什么本事解决人家的问题，而是你给他精神的无所畏惧。

现在我讲学佛，先要让自己变成法器，你们要想一生学佛学道修行顺利，先要培养功德，前生没有做到的，现在开始结好的法缘，正法自然有人会送来给你。不像你们很自私，也许你们不自私啊，随便讲的。一个人如果只想自己求道，别人问你时，说这个很难的，要拿供养什么的。当然你们不会啰！有些人会，这不可以的，这不是菩萨行。菩萨行就是一切都布施出去。

刚才讲的是如何构成法器。当年我年轻学佛，我的皈依师父很多啊。我那时还是军官，全身武装，经常在大马路上看到和尚，我很恭敬，就跪下来磕头。照规定军人不能向出家人跪呀，尤其在大街上；可是我不管，我照跪不误。老百姓看到笑，我回头一看，这些人也不敢笑了，我当年就是如此。我有个皈依师父，四川成都人，是有名的活罗汉，真的肉身罗汉——光厚师父，他平常不大讲话，他的故事很多，我以后有机会再讲，现在先讲一点。

他又矮，相又怪，脸庞有小洗脸盆那么大，圆圆的；那个鼻子小小的，只有蒜头那么大；嘴巴那么大，长到两腮这里；两个牙齿、眼睛那么大，眉毛一点点，嘿，那个怪相！你分开来看，这个人不能看的。可是长在他脸上，一看到就自然合掌叫师父，像看到憨山大师的画像一样，那叫真罗汉。

他有一次跟我说，“南怀瑾，你出去参学啊，传你个法门。”我说：“什么法门啊！”他说：“先关后开。”我说：“师父，这是什么意思？什么叫先关后开啊？”

“嘿，你不懂？你们这些家伙啊，书读多了的，出去求学问也好，访道也好，不要表示自己懂，你懂的什么都统统关住，听人家讲，叫做先关；人家那一套本事都告诉你了，你再打开你自己的，叫后开。你们犯了一个最大的毛病，就是先开。”

我说：“师父啊，我说你好厉害哦，专门叫我做坏事一样啊！”他就咧开大嘴，咯咯笑。“这不是做坏事啊！告诉你，出去参学要谦虚，先关后开。”这是他告诉我，他又不认识字，会讲出许多道理来。他也是禅宗哦！他从四川遂宁三步一拜拜起，拜到五台山上去，到的时候已是夜里。五台山后山是壁立万仞，他从后山拜上去，自己不知道是后山，他看到是路，一步一步拜上去。到了后山的山顶，天亮了，哗！这个庙子的大和尚，还有好几百和尚，穿着法衣，站在那里等。看到他爬上来，大家说：“阿弥陀佛，大阿罗汉来啰！”他是翻山上来的。

“啊啊啊啊，怎么回事？”大和尚说：“文殊菩萨昨天托梦给我们全山寺庙，今天有个活罗汉到。”“我是个苦恼僧啊！四川人，三步一拜拜上来，我不是罗汉。”四川话苦恼僧，就是很苦的笨人，烦恼很多。

“哎，文殊菩萨告诉我们在这里接你的呀，你说你不是罗汉我不管，菩萨讲的，所以我们奉命来的呀！你看看，你从哪里拜上来？你看路！”

“哎哟！没有路啊，我就上来了！然后把我拖到庙子上去，早斋办的素菜好丰盛哦，把第一位让我坐，说活罗汉来，请坐上座。咯咯！我不是活罗汉，怎么样我都不肯上座，大家不肯。我肚子实在饿了，管他的，活罗汉就活罗汉吧，坐上吃了再说吧！”呵呵呵，就是这样一个人，很有意思的。

但是你看他不认识字，那本事大得很。后来一天到晚围着他的都是病人，每天忙得很。他点一盏青油灯，那个时候没有电灯，两排都是病人。他坐在这里，这个病人过来，说头痛，他把自己的手放灯上一烤，再在病人头上一按，那个人叫啊哟哟，好痛。“好了，走吧！”你给他钱，他就收；不给钱，他也不问你要，他口袋都是钱，他也不分别，一辈子很忙。

嘿嘿，后来有一天我们俩谈话。我说：“师父啊！你好会骗人！”“什么？乱讲。”

我说：“不是乱讲啊，你根本不要那个灯，你的指头就行了，你那个灯是掩人眼目的。”他的功力已经不需要借一盏灯，故意借一个火力，好像手在这里引个电来给你治病，其实他手一放就行了。

他给我头上打一巴掌说：“不要乱讲啊！”所以我到峨眉山闭关以前，他说：“你去闭关啊？”我说：“对啊，师父！我想将来出家吧！”

“你，出个什么家？”我说：“我没有资格出家？”“那不是，你不是出家的，不要出家，出家是我们的事。”

我说：“那我去杀人啊？”“差不多！”他就这样讲，“呵！呵！那是笑话。你走了，我也闭关。你去几年啊？”我说：“我想闭关三年。师父你也进关吗？”

他说："我给你看，关房修好了。"他带我去看，就是在那个城隍庙里，修个关房，走进关房以后，就看不见人了。有一个柱头很大，空的，一格一格，东西放在里头转进去，像现在那个电转门一样，这样转进去转出来。

"师父啊，你进这个关房，连人都不见了吗?""不见人。""几年啊?""九年。"我说："老人家啊，你不要那么搞了，我三年闭关下来，我找你，我们俩出去云游。""哎，天下我都走遍了，没有什么好玩的。"

结果我出关下山，他已经圆寂在关房里了。我临走以前说："师父啊，你把一辈子参禅用功的经验，老实一点讲给我听，可不要骗我哦，你骗我，我要揍你的。"有时两个人闹起来，很会闹的。

他说："咄！你们，又读书又参禅，一肚子的佛法，我懂个什么！我又不认识字。"

"师父啊，跪的人你看得太多了，我跪也很方便，你要不要我下跪?"

"哎呀！我说我说：八个字，疑参破定，执着起用。"

一听他的开示，我回来告诉袁先生——我的禅宗师父，他说："他真的这样跟你讲啊？他真了不起啊！我求他问他都不讲。那你这个人真是到处有缘，人家都是要送给你的，我们求也求不到。"

"疑"，就是禅宗起疑情；自己"参"究用功，参究，不一定参话头，参话头只是参的一个方法；"破"参，开悟了，明心见性了；"定"住在那个境界，然后打成一片，行住坐卧，四威仪中，都在这个如来大定中；"执着起用"，神通智慧一切具备，简简单单把全部佛法讲完了。

光厚师父的“疑参破定，执着起用”，一切工夫见地都在内，听了要好好修行哦！不要去吹。你说你也会疑参破定，执着起用，那就是罪过了。刚才讲的道理，就是讲他老人家吩咐我的一句话，学东西先要把自己倒空，不要拿主观来分析，拿思想来讨论。读书做学问一样，看另外一本书的进修，把前面一本书看进来的主观先丢掉，尤其把自我的主观先拿开。这个特别重要，先吩咐你们这个事。

有问：是“执着”吗？

南师：没有错，“疑参破定，执着起用”。普通叫你不执着，这时候要执着，执着什么？执着你那个“一片清净”，“心月孤悬，光吞万象”这个境界，随时在这个境界里。

休息一下，散一下心，喝杯水，把自己构成法器来，把原来的水先倒掉，好装新水。

第二堂

内容提要：

身体的问题

正确的姿势

如何用香板

刚才光厚师父讲的这八个字，后来下课时候，宏忍师问我，执着是不是就是所谓“保任”？我说，对了！你怎么不讲？刚才我没有补充，你要当众就补充，这就是法布施。不过光厚老和尚用了执着这个名词，这在禅宗叫保任，也叫做打成一片，《六祖坛经》上叫“一行三昧”，行住坐卧都在这个境界里头。譬如你们初步打坐，有点好境界，一下座就没有了，这不算，这个是生灭法，用功就有，不用功就没有，这个学来也没有用。

打成一片以后，就是道家所讲的，精满不思淫，气满不思食，饮食都不要了，喝一点水而已；神满不思睡，自然就断除了睡眠，昼夜都在那个大圆满清净境界里头，就是大圆镜智，也就是《圆觉经》上讲的境界，自然掉不了的。如果还有变动，上座有，下座没有，一下有一下没有，那算什么？那是生灭法。光厚师父用四川话讲“执着”，就是保任这个道理。“起用”就大了，这是补充刚才说的。

这次古道师来，提出你们要办禅堂，叫我跟你们研究一下禅堂的规矩，由讲这个开始，这是小之又小的小问题。但禅堂规矩也复杂，要讲规矩的话，也要讲好几天。我们现在并没有讲，还没有提到规矩，只提到行香，你们的问题很多，我们现在随便零碎地先讲一下。

譬如打坐，像你们坐起来都有问题。尤其你们这些高僧，每一个武功我看都不行，比我好一点，你拳头能打死人，我是风都吹得倒。你们每一个人，用四川话说都是勾腰驼背。年纪轻轻的练武功，大概都练坏了，都没有练对。你看每一个人的背都很厚，可是看你们的相，每一个出家人都有福气。你们出去有庙子住，皈依弟子很多，有好饭吃。就是《汉书》上，那个蒯通给韩信看相，“相君之面，不过封侯，又危不安；相君之背，贵乃不可言”。那个背很厚，都是乌龟背。你们好几个都是龟背，我们孙教授也是龟背，有一点福气。香港那个特首董建华，做生意的，他那个背就是个乌龟壳。当年还有个在台湾做副总统的严家淦，也是龟背；蒋经国也是个龟背，都是龟背啊。

做工夫，背这样就不对了，所以刚才给你们几位改了一下，叫你们坐好，还有个辛师父也改过的，现在他改正多了。哪个出来做个模特儿，坐在中间？丁师出来最好，刚才给他改过一下，把坐垫放到中间来，你做模特儿，我给大家讲一下，你背朝大家，照样坐好。他这个人，身体很好，坐得也很好；他昨天讲的境界，关于佛法方面的，我们以后再谈。

背上脊柱由尾闾到头，整整二十六个骨节（颈椎七、胸椎十二、腰椎五、骶骨一、尾骨一），讲小的就不止。在两块肩胛骨中间，这里的穴道，练武功的过去叫“还阳穴”。昏了过去的人，把他拉起来坐着，用腿在脊柱一顶，把他肩膀、头往后一扳，气一出来一通过就救过来了。道家称这里的气脉叫“夹脊”，两个肩胛夹到的。所以不要挺腰，身体放松，心气也沉下，可是两个肩膀向后拉开，颈椎靠到领子这里，佛像就是这个姿势，这样就头正尾正了。

有些手短一点，不一定结定印，两手拉开了，像辛师父，这些身体姿势都要改过来。你用功修行习惯了，尤其有人的肩膀那里，你们帮忙改一下。嘴巴上下对好，前面自然就咬合了，这样打坐，身体气脉就对了。结果大家坐起来这样弯腰驼背，你照丁师父原来的坐法，这样圆圆的很舒服啊，腰松松的，可是气脉不上路了，他肩部一拉开，精神就不同了。

如果你看那个头有偏的，打起坐来，向一边偏，那一边颈部骨节就有问题。所以想要改正，自己晓得注意，就改正了，慢慢气就走通，身体统统改好了，就是有伤也都会好。你看癸师父也不对，两个肩膀溜肩的，普通人叫做美人肩，认为女孩子溜肩，走起路来蛮好看蛮漂亮，你看大丈夫男子汉，就不是这样。

所以你真修行打坐，中国塑的佛像，宋朝以后都是塑的大肚子，那就不对了，你不要看。隋唐以前的佛像，你到龙门、敦煌去看看石刻佛像，都是这样三围标准，这就是打坐的姿势。这个千万要坐好。至于两个手短，不能合拢来，就放开，各种手印都可以结。不要听人乱讲，非要这样，非要那样不可，不一定的。两个手太长怎么办？那就要放前面去了。

所以，办禅堂，做堂主，做善知识拿香板，你怎么指导人啊？几十个一大坨的肉体，泥巴捏的一样，乱七八糟就都摆在那里；你打坐、打七，打死了也没用，打坐身体姿势都没有弄好嘛！这同你练武功都有关系啊！还有这肚子，如果姿势不对坐久了，腰椎这个地方会向后面弯起来，肚子自然会大出来了。这个时候自己就要注意向前面倾，屁股朝后面翘一点，否则肚子越来越大，下面两条腿的气脉就走不通了。腿的气脉很重要，两腿的气脉不通有什么用啊！

所以我常常说你们念早晚功课，“皈依佛，两足尊”，怎么解释啊？甲师！声音大一点，你怎么年纪轻轻那么一个声音啊？（僧甲：福德具足，智慧具足。）这是讲教理不错，叫“两足尊”。讲功夫境界就是神足通，两个脚气脉没打通，不能起神足作用，两脚的气脉要是打通，就不同了。如果练武功的话，你这一步下去，一走，好像没有踏到地，在空中走一样。所以“皈依佛，两足尊”，坐对了，气充满了，气脉就打通了。

刚才讲坐久了，如果坐的姿势不对，无形中腰椎会向后面靠，当然只好弯曲在那里，肚子越来越大；两腿麻痛得要命，心里头念的是“我的妈呀！”不是“我的佛！”参的是“妈呀，痛的是谁呀？”所以办个禅堂，堂主坐在上面，一眼望去，哪个人到了什么情况，哪个人有什么痛苦，都清楚了，这样才可以去做善知识！不要办个禅堂，害死了一堂人啊！我这样讲你们不要吓住了，办归办，害归害，再说了。

你再到禅堂看，有些真的老修行，年纪大的，坐禅坐了几十年，双盘坐得非常好，他根本都在昏沉、睡觉，不在用功。告诉你们，在年轻人面前，他们老辈子自己要睡觉，他头靠在两个肩膀上，像两个架子架住一样，这样头再也不会低了，这样一来，实际上在那里舒服得睡觉了。两条腿熟练了，一睡五六个钟头也不在乎。一看，这个老修行在睡，“啪”一个香板下来，这是真打香板了，这叫“警策”，警告你了。这要内行的人，在肩膀那里碰一下，不是打痛哦，这个手法就要高明。这个香板拿法，练过武功的还会懂一点，“啪”，看起来很用力，但打到身上力气已经收回了，感觉只轻轻地碰一下，绝不是拿个香板“啪、啪”打死人的样子，那叫什么拿香板啊？所以要懂这个道理。

先讲到这里，丁师你还是归位吧！谢谢你啊！拿他来做个榜样，你们自己改正，因为这个地方不够大，我没有办法转到你们每个人前面。所以真正领导禅堂的堂主，或者领导打七的，那是非常辛苦的。换一句话说，一堂有三十个人，你昼夜的精神注意着每个人，完全牺牲，忘记了自己，这叫利他，不是自利的。有这个精神，才来办修行的道场。现在连年轻的也让他拿个香板，高兴就来一下，那是造孽！譬如说丁师父一样，刚才你看我去给他改过好几次，要帮他改正他的头，要真的很爱护他，轻轻的，等于摸到那个婴儿，要将就他，使他注意，慢慢转过来，不能“呱”一下，气脉就错乱了。所以光讲外形的姿势还很多，每一点都是为法为众生，有这个慈悲心理，自己有修持有经验，才晓得他们到什么程度，要怎么指导。

再譬如有些坐坐就歪了，你看到了，是拿香板去碰他呢？纠正他呢？还是随他呢？这就看情形了。有时候这个人，身体这样歪，当时他正用功得力，念头非常专一，很清净，你不能碰他的，你一碰他，把那个境界碰坏了。他身体歪了，是身体的问题，身体骨节不对，就晓得里头的心肝脾肺肾，哪一边出毛病。你等到某一个时间，再帮他转过来。你只能够过去轻轻地碰他的身体，好像没有动，好像又在动，慢慢给他转过来。如果这样一转动，会影响他心的那个境界，你就在耳边告诉他，“非常恭喜你，你正在好的境界上，你不要动念，我帮你改变外边姿势”，这样对他身心都有利。所以做一个善知识领导徒弟，领导新学的人，如“鸡之孵卵”，要像老母鸡孵小鸡一样的精神，随时保护他，随时纠正他，这都要自己切实用过工夫才可以。所以禅宗祖师说的话，“欲知山下路，须问过来人”，你不是过来人，怎么指导人家啊！

还有，譬如有一个人，灵源法师，虚云老和尚的徒孙，其实是虚云老和尚亲自剃度的，不过把他的名分摆在徒孙辈上。从他师父托我，再加上他俗家的表叔姓秦，是唯识大家，也修天台宗，也修禅宗，曾在四川托我，说他有个表侄，开始是去做道士，后来不做道士做和尚，叫灵源，就上不了路，拜托你了。所以当年我从峨眉回来，他跟我到台湾基隆，建了大觉寺，现在大和尚惟觉法师就是他的徒弟，很威风凛凛。

为什么讲到他？出家参禅一辈子没有用，肚子大大的，背这样厚厚的，坐起来一坨，就像一个圆球，才上座就昏沉，一路昏沉到底，到我手里都没有办法把他改好。那真要改呀，要痛打一顿才行！我也懒得管这个事。那真要打是打什么？把他这些穴道、气脉、骨节都转变过来。譬如丁师后面坐的这位丙师，经常爱打哈欠，是爱睡觉还是什么？你常常“哈”，为什么？不是说你不对哦！是问你的身体现状。

是经常想睡吗?(答：昏沉。)就是他头部这里气通不过，脑部氧气不够，年纪轻轻，就经常打哈欠了。坐起来头脑容易昏昏的，对不对?(答：对。)颈椎那里有问题了。你下座叫人给你看看，调整一下，或者需要，在后面那里扎两针，试试看。

譬如办禅堂，有人坐起来就昏沉，可是坐得很好，圆陀陀的坐在那里，肚子大大的，如果供弥勒佛像，就到那里拍照就行了，是个活的大肚子弥勒。你想修行修道，如果修成一个大肚子，那要打三百板屁股了，那是修什么行啊?那五脏六腑都出了问题，都不对了。所以真正修行，功夫真到正统的定境，身材自然变成这样（师指着座前供的佛像），这是标准身材。这个时候想偏、歪、弯，都不会了，内在自然很清楚的，有一点不准确都要改正。

这就讲到学密宗跟学禅宗同样的重要，学密跟着上师，他随时盯住你，有一点不对就改，至少身体可以做到标准。我是讲正统的密宗哦！至于现在，不管喇嘛、和尚，很多也不过是个出家人而已。所以不要乱叫活佛啊，免得人家起了贡高我慢心。现在哪有真密宗！我看了都很好笑；我说我是红教、白教、花教、黄教大师，但是我不吹这个。现在很多在家出家的，都为名为利出来乱搞，不行的。

所以，打坐的姿势很重要，像这些问题，你们真要学，要跟你们讲清楚的话，每天下午三点起讲到晚上，一天五六小时，三天大概可以把每个姿势都纠正过来。连姿势都要那么多的时间，还不要说其他禅堂的规矩！所以匆匆一下子，是来不及的。今天，零零碎碎挑一点感想先讲，因为我跟古道师约好三四天，你们大和尚有事也先走了，唉，难办！我的办公室就叫“南办”（难办），真修行非常难啊！好吧，放松，休息一下再来。

第三堂

内容提要：

印度文化的影响

无主宰的佛法

佛经的纪录

佛学的发展和争论

现在要讨论那么多问题，赶这三四天，光讨论这些外形都来不及啊！

我们讲到“佛为一大事因缘出世”，什么大事？这个“大事”的问题出在哪里？这是中文的讲法。佛法到中国以后，用庄子讲的一句话，“死生亦大矣！”整个人类所有的问题，是生死的问题。这个世界上怎么会生出人来，人从哪里来？为什么有了这个虚空，有了这个地球，也有了这个世界？所以，“死生亦大矣！”最大的问题。

佛也是为生死的问题出世，在西方哲学里就问，这个生命，先有鸡还是先有蛋？鸡是蛋孵出来的，蛋从哪里来？鸡生出来的。哪个先哪个后，你讲不清楚。换句话说，这个世界上先有男的还是先有女的？还是同时来的？宇宙万象怎么来的？害得我们又剃了光头去出家，抛家弃子去找一个什么东西。禅宗开始是为找这个答案，这是佛的路线。

我们昨天讲的，要研究佛的一生。你要晓得，印度佛教，释迦牟尼佛当时没有创教，他不是教主，教主是后人捧他的。等于孔子也不想做教主，耶稣也不想做教主，他们自发地传道，后人把他们捧出来当教主；如果出来是想做教主，那就是有限公司啰！

有个问题告诉你们，这不是跟你们出家人讲，你们只听听吧！不过也跟庚师提的问题有关。第一、研究人类整个的文化，希腊、埃及、印度、中国四大古国的文化，中国、印度两大都在东方，包括埃及也算中东，也是东方，只有希腊算西方。

所以我常常告诉大家，研究宗教哲学，你们注意哦！五大教主都是东方人，没有一个是西方人。耶稣是东方人，中东人，就是现在耶路撒冷那一带。当初印度是很大很大的，分五印，有东印度、西印度、南印度、北印度、中印度。

印度的文字言语，六十多种不同，佛经是以梵文为标准的，梵文不过是其中的一种。巴利文也是印度文，你到印度看看，还有几十种言语文字不同，现在都变成讲英文了，更糟糕了。所以我常常跟印度朋友讲，你们印度真正的文化宝贝精华，是释迦牟尼的，这些文化保留在我们中国，不但保留，还弘扬广大。你们都丢掉了，太可惜了，我很想送还给你们啊！

现在全世界上有多少宗教？除了五大教以外，耶稣教、天主教，有三四百个门派，等于说禅宗有临济宗、曹洞宗这样的派别。因为你们没有研究，现在新的基督教派系更多啊！

所以，人类为什么有宗教出现？这都是大学问！佛是正遍知，无所不知的哎！一个悟道成佛的人，没有不知道的。有人说，这些属学校里宗教学的范围，同我们出家没有关系。那你不是学佛吗？要研究这个问题，现在属于大学研究所"比较宗教学"，把每个宗教都拿来研究的，这个学问很大了。所以我讲现在办的佛学院，连别的宗教的内容也没有介绍，别的宗教理论不懂，规矩也不懂，别的宗教也有它的一套，都要研究啊！

所以我刚才讲，你看耶路撒冷，现在的伊拉克，及新兴的犹太国家以色列，都受印度文化的影响。换句话说，照我研究的比较宗教，认为世界上真正的宗教起源，都在印度！这一句话，如果学者们有意见，我可以批驳他们，因为他们不懂印度文化。印度本有宗教是婆罗门教，佛教是后来兴起的。西方的宗教，你看耶稣穿的衣服，戴的帽子，都是密宗那一套；你看基督教、天主教他们画十字，就是密宗准提法的五印，用金刚拳印印额头、心窝、左肩、右肩、喉头。

所以西方人研究耶稣一辈子，有十几年找不到他的踪迹，现在研究出来，晓得耶稣失踪的十几年，他正在印度西藏边上学佛！这在西藏密宗的资料找出来一点，说有个同参到中东去弘法，被人家钉到十字架上。（参看老古出版之《耶稣失踪之谜》）

像这些研究很多，闹热得很啊！现在你们办的佛学院是什么佛学院？什么都搞不清楚！所以当年太虚法师办佛学院，有人来问我，我就说，不要乱问！像这些学问在大学里也没有好好开课啊，如果能够恢复是很伟大的。

我们现在回转来讲，释迦牟尼佛在印度，当时出家人很多，不只婆罗门教，还有其他宗教，婆罗门教是传统教。印度有四大阶级，分婆罗门、刹帝利、吠舍、首陀罗，到现在还是一样。所以，有时候印度朋友来，我都不好意思问他是哪个阶级，这是国际礼貌，不要随便问。有时候熟了才问他，对不起噢，你不要见怪，你是婆罗门？还是刹帝利？客气一点，先要讲礼貌。

阶级观念最重的是印度人，婆罗门是上等人，穿白衣服，一切都用白的。二等是大师级的刹帝利，做帝王、宰相、将军，你看释迦牟尼佛是第二等阶级。吠舍是三等，就是普通一般人，做生意的老百姓。首陀罗是最下等阶级，做奴隶的。印度现在也是一样。

所以我常告诉大家，讲宗教学，几大圣人为什么都有个宗旨？世界上讲政治也好，社会也好，教育也好，平等这个观念，是释迦牟尼佛先提出来的。换句话说，自由、民主、平等，他先提出来平等，也可以说，释迦牟尼佛真提倡了自由，真提倡了民主。如果从政治学来讲，有凭有据，因为印度是人类阶级最不平等的。所以你看佛的精神，他的心量：他弟子里头管戒律的，管司法部的部长，叫什么名字啊？（答：优波离。）是什么阶级出身啊？最下等阶级奴隶出身。你看，那么大的僧团，他把优波离提起来管法律，佛做到了平等。

孔子为什么讲“忠孝仁义道德”呢？因为中华这个民族不忠不孝、不仁不义。所以，孔子对中国开了忠孝仁义药方；佛对印度开了平等药方；西方、中东、白种人，最狭隘，最傲慢，最不博爱，所以，耶稣开的药方是博爱。

再看基督教很多的规矩，都是印度佛教这一套文化。耶稣为什么被人家钉在十字架？因为他反对随便迷信、崇拜。真正的佛教是反对偶像崇拜哦！“无主宰，非自然”，一切是自性的呈现，世界上没有谁做了主宰的。上帝也好、阎王也好，生命谁能够做主宰？无主宰，因缘所生，缘起性空，性空缘起，但不是唯物的，不是自然的。这是铁定的因果律，生命完全是因果的业力，自己作主自己办的。

佛在世的时候，印度很多宗教、宗派，很多修行的方法。他在菩提树下悟道以后，一切都推翻了，而确认了“无主宰，非自然”，没有什么上帝能够造人，安排人；什么阎王管人，没有这回事，一切生命，都是自己的业力，自己作主。

佛推翻了这一些宗教，所以天主教、罗马教廷批评佛教是无神论者，因为佛教讲自性空，无主宰，非自然，不崇拜一个神。释迦牟尼生下来，佛经上讲，一手指天，一手指地，说“天上天下，唯我独尊”。禅宗的讲法认为，他不是讲个人的我，这个“我”就是自性、心性那个本体，宇宙万有同体的自性，那个真我是平等的。一切众生皆是佛，要找到那个本来的我。至于参“念佛的是谁?”你参的是小我，要破除了这个小我，才认识了那个不生不死、不生不灭的大我。《心经》上几句话就告诉你，“不生不灭、不垢不净、不增不减”，这个是大我的自性，只有这个是“天上天下，唯我独尊”，“无主宰非自然”，一切万有生起的“性空缘起，缘起性空”。那是多伟大的气派！把一切宗教，哗！一扫而光。

所以他老人家出来弘法的时候，你不要看到大乘佛经上说，有多少万听众，他很可怜啊，经常跟他的常随众，都是正式跟他学的出家比丘；《金刚经》上说是千二百五十人，比孔子三千弟子还少一半啊！其他在家听法的信众很多，后来叫做“大众部”。大众部一变变成大乘的菩萨，行入世法，这些大乘菩萨悟道的很多，不一定出家。

佛教徒说，我不拜在家人，其实你每天都在拜在家人！观音、文殊、普贤、地藏，四大菩萨，三个都是在家相；有一个比较不同的地藏菩萨，偶然以出家相出现。所谓菩萨，也无所谓在家出家。换句话说，真正的大菩萨，形式没有出家，心早出家了，比出家还要出家。这是在印度，释迦牟尼佛当时弘扬佛法的情形。

我常常说你们福报真大，到处有大修庙子，我一辈子还没有半个庙子，现在一两个居士出钱，在庙港盖个地方，还是我要他们盖的。我说释迦牟尼佛在世，也不过几个地方，一个是皇帝频婆娑罗王给他盖的竹林精舍；一个是《金刚经》上所提的舍卫国祇树给孤独园，是祇陀太子和给孤独长者给他盖的；另外就是东苑鹿母讲堂，乃至于灵鹫山几个地方。

佛这一生真了不起，首先注重卫生，规定真要出家修道的人，头发、胡子一概剃得光光的。你看印度其他的教派，现在山里头也有，嘿哟，留头发、长胡子。还有，世界上第一个发明刷牙齿也是他，用杨柳枝作牙刷；第一个发明要把水放在净水瓶也是他，“佛观一钵水，八万四千虫”，认为水中有生命，所以要过滤才能喝，统统是科学。

你们要正式研究释迦牟尼佛，去看看《佛本行集经》，还有一本《大宝积经》，我经常放在那里；你们看看他一生真正的行为。你们《大藏经》也不看，也没有研究；要是看了戒律部分，就看出来了，他带领弟子好辛苦，一点一点的事情，他都要管。后来弟子多了，经常跟的有一千二百多人，当然，还有其他的年轻人，叫“六群比丘”，乱七八糟的，也出了家，一天到晚跟他捣乱，随时闹事，他也够辛苦的。

所以，他戒律规定，衣服要怎么穿！饭要怎么吃！还分鱼干给大家。印度所有的外道都吃素的，他没有提倡吃素喔！也没有反对吃素，他是随缘，人家拿什么来他就吃什么。在戒律上看到，佛是很平凡的生活，越看到平凡的生活，越使人看得肃然起敬，真是了不起。

世界上所有的宗教教义，没有跳出他的范围，这个讲起来很多了，现在我们缩小范围讲。所以佛出来，他了了生死没有？绝对了了生死。他证到了天上天下，唯我独尊，证到我们每个人本来有的生命，这个生命是永远不生不死，没有生过，也没有死过。以我们表面上看，他也老了，他也常常生病，还有个徒弟叫耆婆，是居士、菩萨，经常帮他看病开药。

普通一个人，要想跳开了生死轮回，要不生不死做得到吗？做得到。他本身就做到了。所以经典上记载，不是假话，说他临死以前，故意找机会问阿难三次，“啊呀，我年纪大了，也活到了八十一岁了，我想走，不过我可以不死，你看怎么样？”兄弟俩好像在讲笑话。问了三次，当然不是同一天，阿难这三次都没有答话，不晓得他怎么会昏头昏脑，也许打个哈欠，一下过去了，以为佛在说笑话。最后一次佛宣布要死了。阿难说：“呃呃！这不能啊！”佛说：“我特别借机会，问过你三次啊，你如果要我不死，我就留下了，你不答话，现在我决定走了，这个世界不需要我了。”

他就死了。

可是佛涅槃以后，弟子把佛放在棺材里，最后等迦叶尊者来。迦叶尊者到了以后，当然很难过，很悲伤，“世尊啊！我受魔障迟到了一步，你这一下都不肯留，就走啦！”这时佛两个脚从棺材里伸出来。伸出来干什么？佛表示我没有死。迦叶尊者知道了，他的脚就收回去了。

所以佛真正传法是给迦叶尊者，摩诃迦叶是千二百五十人众中的首座弟子。佛弟子中另有三迦叶兄弟，不是这个迦叶尊者。迦叶尊者两夫妻是印度首富，后来怎么出家的，你们要去研究。

这些故事，看起来好像是神话。我常常说你们学佛，要参究佛的一生，要跟随佛的行为，一步一个脚印跟着走，这才叫做学佛。你不要以为剃个光头出家了，或者一个居士皈了依，就说在学佛了。人家问我：“哎，南老师，你不是学佛吗？”我说：“我没有学佛啊！”“啊，你是信佛教？”我说：“我什么教都不信。”“那你信什么教？”“我信睡觉，什么教都没有信过。”“哎，老师你怎么这样子？”我说我没有资格学佛，做不到。怎么才算做得到？譬如布施，大菩萨的布施，众生需要你这双眼睛，两只挖完了，还连头、脑髓、整个的身体，都肯布施给人家。可是我一点都做不到啊！现在要我挖一只眼给你，我舍不得，我还要用来看书呢！我哪有资格学佛啊？所以讲你们学佛，真的先把佛的一生研究清楚了，不要什么中观啦，瑜珈啦，禅宗啊，密宗啊，少来这一套，你要看佛的行为，看他的一切。

上面我们先介绍佛，再看佛讲的法。能有《大藏经》流传，主要是迦叶尊者主持结集的。佛过世了以后，迦叶尊者马上召集师兄弟们五百人，是千二百五十人众里头选出来的，是明心见性，得道悟道，神通智慧具足的，才有资格参加。五百人聚在一起，迦叶尊者主持，把佛一生说法记录下来。

那个时候没有录音机，只有一个像录音机的阿难尊者的头脑，他记忆力之强，佛说的法什么都记得。五百罗汉集中一起记录，虽然都有神通，但是大家心里都有数，知道自己记忆力不俱全，只有阿难来才行，可是阿难尊者没有悟道。这五百罗汉都到齐了，迦叶尊者把这个架势摆好，大家都在那里打坐等着吧！反正每人心里都有数，不讲话。阿难进来了，迦叶尊者骂他一顿，说，你没有资格，出去！阿难说，你们需要我啊。

"对啊，我们需要你这个头脑，讲出来记录啊！你是答录机啊！可是你没有见道，出去！悟了道才进来！"砰，门关了。

这一段，是禅宗非常重要的公案，也是密宗。当时阿难尊者被赶出去，这一下痛苦极了，坐下来，规规矩矩盘起腿来参了，这叫参。七天悟了，所有道理都实证到了。然后来叩门，一敲门，迦叶尊者说："进来！自己进来！"门也没有开，结果他进来了。迦叶尊者说："请上座，这个是留着等你的，坐下来吧。"

所以每本佛经上第一句话，"如是我闻"，"如是"就是"这样"，这是梵文的文法，同外文英文等的翻译一样，是倒装的文法，以中国的写法，"我闻如是"，翻译成白话是"我阿难当时听到释迦牟尼佛是这样说的”。阿难说完了，大家记录好了，就是一本经。所以一切经典，小乘大乘，都是阿难说出来的记录。

戒律部分是优波离说出来的，他就是最末等阶级出身，管法律的尊者。他专管戒律这一部分。

“论”呢？是后代根据“第一次五百罗汉结集”的经典，以及对戒律研究的论文，叫“论”，像《大毗婆娑论》等。所以经律论三藏，经是经，律是律，论是论。《俱舍论》、《成实论》、《大乘起信论》、《大智度论》、《瑜伽师地论》、《成唯识论》，这都是后世的论著。这一套关于修持、讲道理的学问，归纳起来叫“法”。

所以皈依三宝是“皈依佛、皈依法、皈依僧”，“皈依佛，两足尊；皈依法，离欲尊”。注意！你还漏丹、还遗精，连男女的性关系，以及男女的念头还没有空，没有证到空性；但欲不是强压下去的。如果小欲都离不开，大的欲望，名闻富贵，更放不下。做个大法师到处受人恭敬供养，然后一讲起来，某人是我的徒弟，某人是我的弟子。咄！还有这个名心在，统统是欲望。离欲，什么都没有，一切皆空；所以皈依法，离欲尊，佛法叫你要离欲，执着欲望都没有用的。

“皈依僧，众中尊”，言行态度什么都不同的人，自然使人看到你都会恭敬起来，“哟，这是有道的人！”皈依僧不是皈依你们哦，是皈依那五百罗汉、大阿罗汉、得道的师父们；换句话说，你们得了道，自然就属于圣僧里头了。

这是三皈依，所以当你早晚功课念到这里的时候，不是随便念过去，马上要反省，自己做到了多少！有没有注意这个事？若有嘴无心地念，心里头想，明天我要到香港去玩玩，还差一点钱，不晓得哪个居士可以化一点就好了……那还叫念经吗？

释迦牟尼佛涅槃后，由那次的结集，佛的弟子们就分成好多宗派了。世界上有个大问题来了，不管你怎么空灵，胸襟怎么博大，只要有徒弟、群众在一起，自然就会形成了党派。佛在世的时候，已经有党派了，修行的上座迦叶尊者、须菩提、目连尊者、舍利弗，各有各的群众。舍利弗年纪比佛大多了，佛出来说法的时候，只是三十多岁，舍利弗已经四五十岁了，所以大家来听法，不知道哪个是师父；原来这个年轻的是师父啊！是佛啊！那个年纪大的是他徒弟。

舍利弗和目连尊者两个人是好朋友，《大藏经》有舍利弗著作《舍利弗阿毗昙论》，目连尊者造的有《阿毗达磨法蕴足论》，你们研究要注意，那是他们当时修行直接的观点，还有一部《阿毗达磨大毗婆娑论》，是这五百罗汉们，当时了生死修持经验的著作。现在讲唯识、密宗，离不开这一部书的。这是大众的经验，是五百罗汉各人修持的心得，集中的报告。

佛在世时除了有宗派外，还有反对他的；他死后，更分成几十个宗派，但是都还在修行哦。譬如说，上座部的是主张“一切有”，不是空，所谓佛说的“空”，不是“没有”的意思，的确有个道，有个可修可证的“有”，所以讲一切有。譬如，大众部其他的部，认为一切空，说的是“空”。有的一派说，阿罗汉都有神通啊，就是因为修“有”来的，本来是“有”。所以说是有是空，空就是有，有就是空，争论得很厉害。

因此二十多派，是各人修行的经验见解，都是忠于佛的，等于禅宗在中国变成临济、曹洞、法眼、云门、沩仰五宗。我呢，一辈子讨厌分宗分派，所以一辈子也不肯做老师，不肯承认有个学生，一承认了以后，就形成党派了，那真难办，那要说派的话，就成了“南派”!

所以我当年在大学讲禅宗课的时候，一个研究生就提出来问：老师，我问你一个问题。既然是开悟的祖师，还拿一个衣钵拼命地跑，后面还有人赶来，然后还分成南宗北派，同普通搞宗派一样，这个佛法我何必学啊？我说：你问得好。他真问得好，既然学佛，一切解脱清净，哪还有宗派的观念存在？佛在世时，乃至以后，意见归意见，修行归修行；就是你们也一样。哪怕都是少林寺师兄弟，还不是三个两个各有一派！我跟他俩好一点，他跟我俩好一点。他啊？不要谈他了……那还不是宗派！人我的是非怎么免去！这就是人类一个大问题。

所以佛过世一两百年以后（有说三百年、五六百年不一），这个宗派观念，在修持上，见、定、行都出问题，之后才有马鸣菩萨出来，就照大乘的路线，著作了《大乘起信论》，综合了这些修行的见解，只有“真、妄”两条路。见空性，明心见性；见真如，成道。小一点成阿罗汉；大的成大菩萨、佛。随妄心就入六道轮回；当下放下妄心，自性现前，见到真如自性；这是开始的论派，祖师的著作。

在大乘学派里，拼命提倡《维摩诘经》，释迦牟尼佛是出家佛，维摩居士是在家佛，这部经影响中国的禅宗特别大。你们丛林的住持叫“方丈”，也是从《维摩诘经》上来的；因为维摩居士说法的房间，一丈见方。“方丈”是代表男性寺庙地方，所以和尚寺庙有方丈，尼姑庵是没有方丈的。

这个中间有个传承，不讲真妄这一套，而直接走明心见性禅的路。所以马鸣菩萨也是禅宗祖师，由初祖迦叶尊者，二祖阿难，一路下来，第十二代就是马鸣菩萨了。

他们告诉我时间到了，你们休息一下，吃了饭再来。

第四堂

内容提要：

真妄两条路

龙宫的经典

龙树菩萨的中观

拈花微笑的出处

佛教传入中国

你们这几位，姿势一变动，庄严得多了，不只外表的庄严，心里内外的变化也不同了。辛师你的头，仰一点，再仰一点。对了！这样你整个身体气脉就不同了。

我们晚饭以前讲到佛学大概的变化，注意，释迦牟尼佛出来就是要解决人类的一件大事，就是生死问题，生命问题。怎么样有这个宇宙？怎么样有一切众生生命的变化？为什么有生来又死去？那个能生能死，能起变化的东西是什么？既不是神又不是鬼，也不是上帝；也不是唯物，也不是唯心的。那么有个东西，这个东西在我们中国禅宗就叫“这个”！没有什么啰唆的。这个是那个，那个是这个，就是一个东西，搞不清楚；我们也可以叫它“黑不隆冬”，但仍是搞得清楚的。

这是心物一元，生死同根，万物的变化，都是由“这个”能变而起。“这个”本身是不变的，但是可以起万变的一个功能、作用。这是大众同有的生命，不只佛一个人，一切众生，包括一个虫，一只蚂蚁，也可以成佛，只要认识了自己的本体，一修证就到了。

释迦牟尼佛没有说自己可以成佛，别人不可以！他说一切众生皆是佛。不像其他的宗教，上帝只有一个，你不能变上帝。按照佛法来讲，上帝也不过是个众生，三界的天主是众生自己的业力变化，人也可以成为天主，天主也可以堕落到地狱。一切都在变化，这个原则要把握住。

刚才讲到佛学的演变，佛过后一两百年，虽然他老人家不在，跟随佛法修行的人很多，证果的阿罗汉也还是很多的。印度婆罗门等其他教派，在各地修行者也是很多，不过那个时候佛的影响最大。但是后来到底乱了，所以马鸣菩萨才出来。

据说，马鸣菩萨出生的时候，全国的马都叫了，百马齐鸣，有这个吉祥的征兆，所以称为“马鸣”（另一说：菩萨善说法要，马解其音，故号马鸣）。他是文学家，没有出家以前，他的诗歌一写出来，莎士比亚这些人不能比了，全国都震动了。乃至国王跟他商量，叫他不要随便写诗，不要随便作歌，因为他的文章影响力太大了。所以他出家悟道以后，看到各宗各派修行，虽能够成功，但是到底不行。所以他著了《大乘起信论》，只有“真、妄”两条路线。走入妄想就是凡夫，去掉妄想就是真如，自性本空。

接着下来，佛法慢慢变去了，随着时代越向前走，反而修行的多，证果的却少了。思想意见的分别、争论越来越多。在差不多佛过后两三百年时（有说六七百年），如果勉强讲，应该在秦始皇这个时候，出来了龙树菩萨。

这位菩萨是更奇怪的人了，年轻聪明，画符念咒，什么武功都会，文武全才，学会了印度一切外道的本事。最后他和几个同学练成了隐身法，肉体走进来你看不见的。他智慧很高，本事很大，很傲慢，学会了隐身法以后，怎么玩？到哪里去玩？隐身到皇宫里去玩吧！于是四个人进皇宫，把宫女的肚子都搞大了，是这样的玩法。

皇帝气极了，什么人搞的？全国严查，谁敢进皇宫来，把宫女肚子搞大了？找不到人，奇怪！旁边的大臣说，一定是那些学会妖怪本事的人干的。印度这些奇奇怪怪神秘的人很多。皇帝下命令秘密地搜查，一夜当中全国搜查，拿刀剑到处乱刺乱杀，只有皇帝坐的一丈以内不能杀进来。大概搞了一天一夜吧，那三个同学被杀死了，一杀死就现形了。而龙树菩萨呢，看到这个情形，急了，他聪明，趴在皇帝的椅子下面，这一丈以内杀不到。然后在那里忏悔，他祷告释迦牟尼佛，佛啊！你是大圣人，我忏悔，做错了事！假使这次不死，就出家学佛。结果他没被杀死，出来就出家学佛。

出家以后，把所有的佛经一下都读遍，道理也懂了，至于神通本事他本来有，能使自己起神通智慧作用的那个本性，他也找到了。认得了自性，他傲慢心又来了，认为这个世界释迦牟尼没有了，他可以做第二个佛了。

这一下，感动了所谓的龙王，如果你要讲这是迷信，那就很难研究了。是西海龙王，还是东海太平洋的龙王？他那边是印度洋，是南海龙王，还是北海龙王？照佛经所讲大小龙王很多啊！佛都列出来名字的，谁管哪个范围，研究起来，你说是神话，也很有意思的。譬如说今年中国的天气这样变化，刮风下雨是这个龙王管的；那一边干旱是那个龙王管的。

这位管海上区域的龙王，到底是哪一位，没有详细记载，也许是个人，这个事按照现在来研究，是觉得很奇怪的。龙王来看他了，就谈道理谈学问谈佛法。这个龙王说，你是了不起，你真可以做当代的祖师，传佛心法的祖师，但还不能算是佛，还不能登上这一代教主的宝座，你还没有这个功德。况且你不要傲慢，你说已把佛经研究完了，但是佛经留在世界上的只是百分之一，另外还有许多法，佛不是在这个世界上说的，是在天上给天人说的，给龙宫龙王说的，给鬼神说的，而人世间没有记录。

他说："有这个事？有哪些经典呢？"龙王说："龙宫图书馆里有太多佛经了！你的智慧看不完啊！你不信，我带你去。"

一到龙宫，龙王打开图书馆，他一看不得了，不晓得多少佛经。龙王牵一匹马，让他骑上去，说你来不及看哦！他走马看经题，三个月骑在马上只能看经的题目，内容看不完，譬如《金刚经》《心经》《涅槃经》《楞严经》，这样看经的题目。这一下他服气了，出来跟龙王商量，这很多经典世界上没有，我要带一部回去。龙王起先说不行，再三恳求，才答应把《华严经》带一部回去。

整个的《华严经》有十万偈，所以中文的翻译，晋朝翻译是六十卷，唐朝翻译有八十卷，这部是佛经里的大经。但是你注意噢！这部经典是龙树菩萨在龙宫里请回来的。所以学佛的研究佛学，"不看华严，不知佛家之富贵"。这是怎么讲法？这天上地下的事物，譬如讲一个亮光，有各种亮光，什么电灯光啊、太阳光啊、月亮光啊，这个光那个光。你说这个人真会幻想，能够幻想出来那么多名称，我都服了！讲一个东西，一讲一大堆，想象都想象不到。

譬如我们早晚功课，大家念的，有四句最重要的话：

"若人欲了知，三世一切佛，应观法界性，一切唯心造"，就是《华严经》的偈子。"若人欲了知，三世一切佛"，想知道什么是真正佛法，"应观法界性，一切唯心造"，那是彻底的唯心。他说整个宇宙万有世界，三界天人，包括我们人、众生的生命，一切是唯心所造，心造的，是"我"所造，不是外来，也没有一个做主的，一切是念力自性所生。

还有，我们经常念的忏悔文："往昔所造诸恶业，皆由无始贪嗔痴，从身语意之所生，一切我今皆忏悔。"早晚功课里头，很多都是《华严经》抽一点出来，文字翻得非常美。

然后，他又到南天的铁塔，拿到过去佛用咒语修行的法门，这就是密宗。所以，有些经典不叫龙树，叫"龙猛菩萨"。南天铁塔，就是南印度。印度的文化，同我们一样分东南西北中，南印度天气热的这一带，秘密的法门特别多。等于我们中国人画符念咒的，贵州、云南、湖南郴州这一带特别多。他综合了印度的各宗各派，统统归到佛法里来，所以在中国，推龙树菩萨是八宗之祖！所谓禅宗、天台宗、密宗、三论宗、法相宗、贤首宗、律宗、净土宗都离不开他。他上台说法的时候，法座上只有个圆光在那里，只听到声音看不到人。他就是这么一个人。

这是龙树菩萨的阶段。他看到佛涅槃后这些修行人都出了问题，都抓住那个修持的、证悟的、小乘"有"法在修；所以他特别提倡般若空观，性空，一切皆空。但是常常讲空也看到不对，他就写了一部《中论》，世称《中观论》，就是庚师提过的。落在有不对，掉在空里头也不对；空有双融，非空非有，即空即有，缘起性空，性空缘起。因为修小乘证果的容易落在“有”上，不肯放，最后的果位、境界放不掉；但谈空的也很危险，既然空了嘛，因果也空嘛，那我杀人也空哎，吃你的也空，那很危险。所以叫“中观”学派。

你们年轻的，在少林寺学过中观吗？庚师在重庆的，读过佛学院，大概会背，考考你《中观论》的偈子怎么说啊？

僧庚：能说是因缘，善灭诸戏论。

僧甲：诸法不自生，亦不从他生，不共不无因，是故知无生。

对了！这是《中观论》的一首偈子。一切唯心，“诸法不自生”，并不是有个东西出来的；“亦不从他生”，也不是他那边来，不是别的地方来。那么“自他不二，心物一元”对不对？“心物一元”是我们方便讲，也不对。心物一元这个逻辑犯一个错误，就是成为共生的了；心跟物两个一起来的，是“不共生”。这是“缘起性空”道理，也不能够说“无因生”。这是简单解释一下文字，这个偈子，详细讲要好多个钟头。

所以，菩萨要证到“无生”，才是入门！就是证到了“无生法忍”，修行到了菩萨登初地的“欢喜地”。如何是“无生法忍”？甲师还记得，不错！“诸法不自生，亦不从他生，不共不无因，是故说无生。”现代什么西方的逻辑，各宗各派，一碰到这个道理，那些逻辑哲学，一下都站不住了。

印度龙树菩萨造了《中论》，可是在他以前，中国人也著了一个“中论”，是曾子的学生，孔子的孙子子思著的

《中庸》，“天命之谓性，率性之谓道，修道之谓教。道也者，不可须臾离也。可离，非道也。”奇怪了，他们当年文化也没有沟通，两位大圣人，差不多是同一个观念。

当时，龙树菩萨这些著作，不是玩思想，不是光谈理论，而是帮助大家明心见性，修行证果，做工夫用的；也是怕你工夫的路上走岔了。到现在，佛学院里讲这一套，学者研究这一套，这些搞学问的，对修行不清楚；搞修行的却摸都不摸这些理论，也不懂，结果统统把它分裂了。这个佛学就慢慢在演变，这个阶段，差不多已经到了我们汉朝了。这个时候，罗马刚刚要起来，快要鼎盛了，世界上其他文化都还谈不上。所以从世界历史、文化史的演变看来，这个人类非常的闹热。

差不多到东汉以后了，你们都没有研究历史，晓得什么叫东汉西汉吗？也叫做前汉后汉。汉朝四百年，刘邦知道吗？刘邦打了天下，两百年以后变乱了，之前这个阶段叫前汉，变乱了有个人篡位，就是刘家的亲戚王莽，把汉朝的政权拿过来了，自己改个朝代叫“新”。

在西汉平帝元始元年时，耶稣才出世呢！所以现在是西元两千零五年，我很不喜欢用，因为那是耶稣的纪年，同我们不相干。我们中国讲黄帝到现在是四千七百多年了；佛教国家的泰国，用佛历也两三千年。现在我们自己忘了本来，乱用。

所以你们要注意，秦始皇的时候，印度有没有文化过来？这个历史上有，不过那个时候不晓得是佛教的罗汉啊，还是婆罗门教的人来过。其实那时文化已经在交流。民间传说胡人，人高马大，有神通发光的，结果把他关起来。但是关不住，人关在牢里头，他有神通，一下子出来在外面走。没有办法，只好说，这是妖怪，这是胡人，管他呢，让他走了吧。算不定那些是有神通的活罗汉，过来看看的。到汉武帝时，张骞西域回来，说胡人崇拜金人，黄金打的人，就是铜的佛像，或者鎏金的佛像。所以《汉书》上说，张骞从西域带了好几个金人回来。

那么这个阶段，譬如印度各宗各派，瑜珈咒语的修行，就是密宗起来了，这属于唯识法相，又是讲有讲空这一派起来。

这些佛学大概的演变，简单就一路下来，没有时间给你们仔细讲，这样讲不行的。我晓得，这一代的教育很糟糕，因为你们的年纪轻，从小学到中学，中国历史都没有读。譬如给你们这样讲，中间提到的历史，你们都不懂，解释得很苦。像我们小时候的教育，中国多少年代，发生什么事都弄清楚了，一提就懂了。佛教在印度，差不多在我们中国宋朝的时候，就统统没有了，都到中国来了。宋朝以后，伊斯兰教进入印度，所以现在印度没有真的佛教了，有也只有南传小乘，少数兴起的一点点。

抗战以前，印度有一个中国庙子，这个老朋友叫什么，我记不得了，是中国的一个和尚，发愿到印度盖一个庙子，好像还在。现在你们也没有办法，也不想发愿到印度去还他们祖宗东西吧！我们可没有这个发心！（按：近代有一位悟谦法师，在加尔各答造了一座玄奘寺。）

所以佛法是这样一个演变，庚师昨天讲到的，这些都是教理方面。现在讲修行，我们回过来讲，佛的出世为了一个目的，是追寻生命生与死的问题。其实密宗同禅宗一样，什么叫禅宗、密宗呢？简单地讲，是偏向于修证做功夫，怎么样求证到。这就是禅与密同其他宗派的差别，其他各宗各派讲学理的讲来讲去，似乎同他不相干。所以说禅宗始终是单传，“不立文字，以心传心”；正统的密宗也是一样，“不立文字，口口相传”，一路下来，怎么样修持到底而证果。

所以在印度禅宗的传统修持，由迦叶尊者，传到第二十八代达摩祖师的时候，已经是南北朝了，到中国来他是第一代祖师。达摩祖师的侄子，是印度一个小国王。达摩到中国来的时候，已经一百多岁了，离开中国的时候，一百五十几岁。在熊耳山，那个埋下的达摩棺材，打开来里面并没有这个祖师。二祖神光走的时候也有一百零七岁！这些你们要特别注意，年龄虽然没有多大关系，但同时代有关系。

现在回来讲禅宗，禅宗开始的公案，很有意思啊。有一天，佛在灵山会上，本来很庄严，大家都坐在一起，释迦牟尼佛在座位上要说法了。他还没有讲，看见前面有一个花瓶，他拿起一枝花在玩，这样转转，大家也没有讲话，只有迦叶尊者在座位上“破颜微笑”。“破颜微笑”这四个字怎么说呢？本来脸绷得很紧，大家都等着听话，佛玩了半天花也不讲话，迦叶尊者张开眼一看，哗，师父在玩这个！“噗!”忍不住了，“破颜”。就这一笑笑坏了，佛看到就讲话了：“吾有正法眼藏，涅槃妙心，实相无相，微妙法门，不立文字，教外别传，咐嘱摩诃迦叶。”那迦叶尊者听了，当然只有合个掌。所以“教外”是在这一切讲空讲有经教以外的，与那些道理都不相干。这个法门只有摩诃迦叶懂了，佛交给他了，这是禅宗的开始。现在学者研究禅宗，认为没有这个事，是祖师们假造的。

禅宗祖师说这件事，在《大梵天王问佛决疑经》中有记载，这本经有翻译过，但失传了，我们的《大藏经》里没有。后来有外国学者到中国，说有这本经，现在在朝鲜发现了，是中文的全本，在韩国《大藏经》里有。这是讲这一段故事。

再说禅宗的不立文字，教外别传。我们已经背了很多文字了，这不又是文字吗？就是迦叶的“破颜微笑”四个字，也是文字啊！不立文字，一讲出来已经立文字了；不可以言说，一说出来，已经言说了。所以，不可思议，你已经思议了，微妙在这里。

这一路的修法下来，专讲修证，这样就是禅吗？不是的。你们注意，这是讲禅宗心法最后的见地；至于如何修持用功这一路，都有功夫的，都有作用，只是没有讲而已。所讲的只是最后归纳出来的结论。这个要特别注意，并不是那么一说就是禅了，那是开玩笑了。

印度二十八代的祖师，是这样一路一路传下来。到了东汉时期，佛教才正式传入中国。东汉第一个皇帝，是汉光武刘秀。刘秀是一个了不起的皇帝，中国几十个皇帝中，我特别推崇他。他是乡下种田出身，不想做皇帝，最后做上皇帝，做得很规矩，很老实。他的儿子也很了不起，就是汉明帝，光明正大不含糊。汉明帝时候派人到印度联络，取佛经进入中国，洛阳白马寺就是汉明帝时候开始的。后来盖了十座寺庙，安顿出家僧尼，所以第一个出家人，第一个尼姑，也都是在汉明帝的时候开始的。当时出家，不改姓氏，假使姓李的话，法名古道，就叫李古道，只是有佛教的一个形式。那是中西（印）文化刚刚开始交流的阶段，只是崇拜信仰佛教，讲究修持是以后慢慢才来的。

东汉由光武到明帝，一直到三国（魏蜀吴），汉朝刘家天下也没有了，差不多有两百年（二五——二一九）。这个时候，西域交通不便，佛经翻译得很少，相传的也很少。到了三国的时候，这个西北，现在讲丝绸之路的交通多了，才有多一些文化交流。佛教戒律的开始，都在河南曹操子孙政权（魏）下面开始的。

这个时候中国呢，干什么？最流行的是学神仙。在佛法没有来之前，中国人已经有一套修神仙的方法，也在修持啊，那已经一千多年了。炼丹修道、做工夫，画符念咒，研究道家神仙之道，花样多了。对西方印度文化，还有修仙的法门，中国人都能接受，觉得这个稀奇，因此中印两方面的研究配合，就是在这个阶段开始的。

这个时候还没有好好去学打坐，也没有禅宗，慢慢再过几十年，鸠摩罗什过来，翻译经典了，于是西安一带，关中一带翻译大小乘经典，《法华经》、《维摩诘经》、《金刚经》，整套翻译出来了。那时翻译经典的和尚全国有几千人。你注意啊，那些和尚不是你们这些和尚啊！

怎么说呢？那个时候，出家人能够拿到一张政府发的文凭叫“度牒”，是不得了的！出了家以后跳出了社会，剃了光头，不缴税，不限制住在哪里，不受户口管制，不受国家法律管制，见皇帝也不拜，政府也客客气气；不过人家也不理你，你也不理人家，到处云游，做个世外高人。所以出家人很多，都愿意拿一张度牒跑去出家了，完全不受一切拘束！如果这个人小小地犯法，已经出家就不问了。等于现在犯罪向外国逃，那时候犯了一点小罪，向光头里头一钻就行了。就怕头不光，头一剃光万事拉倒，就是这样的。

现在你们和尚不好当啊，随时还有身份管理，同老百姓一样，那个时候护照是什么？光头！谁有这个勇气把头发剃掉？中国人一直到明朝，胡子头发从来不剃的，剃了是犯规矩的，谁肯剃了这个！那比你从三层楼跳下来自杀的决心还大。所以出家等于自杀过一次！

这一批有学问的出家人，在关中一带翻译佛经，那个声势之浩大，影响中国文化很大很大，知识分子都向那里走了，所以有许多人剃了光头出家去。譬如在庐山创办净土宗的慧远大师，他也是大学者啊！声望地位也很高，剃了光头，出家做祖师了。他那个号召力很大的，人家看到这个光头师父肃然起敬，也肃然看不起，这是两种矛盾心理和看法。

当时翻译以及论辩的学问大得很，所以“三论宗”、“成实宗”兴起了。这个时候，真正影响中国修持的和尚是佛图澄，这位大师过来了（三一〇年至中国）。他不讲经，不说法，就是奇奇怪怪的，修行非常好。所以“五胡乱华”后，影响最大的就是他。他是走禅修禅宗路线来的。佛图澄大师一来以后，那不得了，因为他有很多神通。那个时候当然没有电灯，他胸口有个洞，好像一团棉花一样塞住，晚上要看经了，把这一团棉花拿掉就看了，不晓得身上哪里带电灯泡的。然后，过两天跑到河边去，把胃拿出来洗一洗，洗了以后，搓毛巾一样，搓一下又放回去了，诸如此类，等等。所以，信仰他皈依他的非常多。他跟关中的那一派学者，西安鸠摩罗什那一边的完全不同，不过他在的时候，鸠摩罗什还没有到，快要到了。

佛图澄的弟子道安法师，对中国佛教影响最大，庐山慧远法师是道安法师的弟子，所谓“弥天释道安”，那是了不起的人，他的弟子很多是名僧高僧！他跟鸠摩罗什同时。这个时候才注意怎么样修证佛法，那时达摩祖师还没有来。

我先讲到这里，他们叫我休息，等一下再讲。大家起来喝杯茶。不客气啊，你不起来更好。呵呵！

第五堂

内容提要：

佛教文化蓬勃

说修行道地经

谁是不迷转世

魏晋南北朝的佛教

道教也兴旺

慧远与达摩禅经

时间一下过了，还没有讲到正题，你们不要白跑一趟啊！可是我讲了正题，下一次见面，你们一定要给我一个果啊！你们不得一个果，不要跟我见面，一定拿个果位出来给我看看啊！修持要有个果位出来，这个很难，但是这个条件是这样的。

现在讲到这一段，都还在正题外面，目的是先使你们了解这个趋势。

这个阶段，中国的佛法刚起来，因为你们年轻，中国历史不大了解，注意！这就是历史上总称“魏晋南北朝”的时代。“魏”是曹操儿子做皇帝的朝代。曹操父子的政权几十年，就被司马炎家拿走了，改叫“晋朝”。晋朝没有几年就四分五裂，中国就变成一国两制了。晋朝分东晋、西晋，西晋在黄河流域，首都在洛阳；东晋南渡，到南京来做皇帝，从此长江黄河南北分开了。

东晋南渡以后，黄河以北“五胡乱华”，实际上，都是少数民族起来做皇帝，政治一塌糊涂，乱搞一顿。老子做个几年皇帝，儿子起来，把老子打垮自己干。南渡的东晋之后，经过了四个朝代——宋齐梁陈。宋不是赵匡胤的那个“宋”，是刘裕。然后是齐，萧道成，都是江苏人做皇帝。梁朝，梁武帝萧衍。陈朝，陈霸先。再到隋朝统一，再下来才是唐朝。

从魏晋南北朝，到隋朝开始统一天下（二二〇——五八一），三百多年天下大乱。那个时候，中国大致上是南北一国两制。中国的政治之乱，是少数民族跟汉民族的乱，乱得一塌糊涂，可是在文化发展方面，也闹热得一塌糊涂。而且光头也光得很清楚，这个时候出家好玩咧！有个度牒，出了家以后，你们打过来打过去，同我们都不相干，自己背一个兜兜去出家，人看到是世外高人，比现在有钱逃美国还厉害。这个时代，这个国家，是一个什么时代啊！多闹热啊！演电影都演不出来的，文化鼎盛，太闹热了。

虽然那个时候天下很乱，可是翻译佛经倒很多。所以，你们看到的敦煌壁画、龙门石窟，等等，都在这个阶段起来的。北方文化，少数民族起来，都是信佛教。除了佛图澄大师的影响以外，修行人有没有呢？所以我说你们要注意，竺法护翻译的《修行道地经》，是一部讲修行的经典。这本经典，讲如何坐禅、修行、证果，是一本最具体、最重要的经典（按：东汉安世高翻译之《安般守意经》、《禅行法想经》等，是将禅观带入中国之第一人。）

为什么修行，要怎么修？《修行道地经》告诉我们，先要了解人怎么来投胎，所以我叫大家看后来翻译的《佛为阿难所说入胎经》，知道十二因缘，知道怎么投胎，和现在生命科学都是连起来的。

现在我又倒转来，很快跳过来讲。我们晓得现在所谓转生活佛，哪会那么容易转生啊！佛学道理告诉你，一个中阴一入胎就迷了，不知道前生从哪里来。所以十二因缘是“无明缘行”，一片无明什么都不知道，只是有动力，叭一转，“行缘识”，变成胎儿了。“无明缘行，行缘识，识缘名色”，胎儿就成了。从这里开始，然后胎儿在里头“色痛想行识”慢慢都形成了。

至于你怎么样去解脱，《修行道地经》翻译得很彻底，所以要研究佛法，先要了解生死问题。佛跟阿难讲怎么样入胎，如果这个学理都不懂，你谈什么学佛修行啊？这不是空洞理论，以现代科学来讲，佛在两千多年以前，把人从入胎到变成婴儿的这个科学说出来了。有些是现在科学上有的，佛经里头没有，有些佛讲的，现在科学还没有发现，这是个大科学，不得了的。所以修行，就牵涉到这样大的关系。

《修行道地经》，我叫大家仔细研究，几个人肯看？看都不肯看，何况谈研究啊！像我看了一句话，就在研究了。开始一看，唉哟，明明“色受想行识”，他怎么这里讲“色痛想行识”？把这个“受”字翻成“痛”，咦，翻得不好，翻错了。后来一想，忏悔，对不起！还是他老人家对的，这个“痛”字翻得对。我们伤风了，痛不痛苦啊？痛啊，难过啊！你们先学打坐痛不痛啊？痛啊。难受不难受啊？难受。难受叫做“痛”嘛！或者打坐时不对了，也是痛啊，翻成“受”翻得很文气，那是广义的；“痛”是翻得很切实的，就要这样注意。

所以说，灵魂入胎，要转生不迷谈何容易。中阴入胎就迷，如果前生有修持的罗汉再来，或菩萨再来投胎的话，入胎不迷，住胎也不迷，出胎也不迷，那真是过来人，大阿罗汉大菩萨来的。

譬如我们中国的智者大师，禅宗里头的四祖道信禅师，五祖弘忍禅师，这些都是入胎、住胎、出胎不迷的人。当时道信禅师要传法，没有人接啊，就感叹：哎呀，急死了，怎么办？他庙子上一个种松树的老头，没有名字，叫栽松道者说："师父啊，我行不行啊？你传法，我来做五祖吧。"

"哎呀，老头啊，你不要开玩笑，你是行啊，可是太老了，你比我还老。"栽松老人说，那我再来。四祖说你真的？"真的。""那我等你。"

所以那个老头就走了，跑到山下，看到一个年轻女孩子正在洗衣服，他说："大姐啊！"女孩子说："干什么，师父啊？""我想在你家里借住一下。""那不行哎，我家里还有爸爸妈妈，哥哥姐姐啊，你去问他们吧！"他说："问就问，我敢。"就走了。

这样女孩子肚子就大了，赫！这情形在古代还得了，要被打死的，她妈妈不愿意啊，最后把她赶出去。这个女孩子没有做坏事，肚子却大了。十个月怀胎好辛苦，生下来是男孩子，就是五祖弘忍。妈妈把孩子丢到水里头，但是没有跟着水流下去，反倒转流上来。很奇怪，又把他捡起来，弄干净养大，十四岁就来见四祖，两个人因缘一兜就出来，悟道了。他等于自性不迷的人，这可以说入胎、住胎、出胎不迷了。

譬如我书上常谈到，你们最欣赏的一个有名的故事，"三生石上旧精魂"，是杭州的故事，也是西安的故事。你们都记得吗？记不记得？你们都不讲话。（答：记得。）这是圆泽和尚和李源居士的故事。圆泽不是那个讲唯识的韩国的圆彻，你看孙教授都记得，他记忆力非常好。

这两个好朋友，在西安那边，到了晚年，年纪大一点，两个想到四川峨眉山拜普贤菩萨。圆泽法师讲要走旱路，从西安走汉中、绵阳，到乐山，上峨眉的这条路。李源说，嗨呀，我们难得坐船哪！从三峡上去，再到乐山，到峨眉。两个人吵来吵去，为这个决定不了。最后呢，李源决定走水路，和尚只好跟着来了。

到了三峡的船上，河边一个大肚子的女人在洗衣服，圆泽法师一看到："哈哈，兄弟啊，完了，逃不了了，我叫你不要走这条路。"李源说："什么事啊？"圆泽法师说："她怀孕三年，就是等我。我想躲过不来，你偏要走这条路，我马上要走了、死了，三天后你来看我吧，我会对你笑一笑；十年以后，再到杭州去找我。"所以，李源收拾了圆泽法师，打听到这个女孩子家里，果然，三天以后生了孩子。李源去看，孩子抱出来了，他拿了红包，那个小孩子对他笑一笑。李源就知道了，难过得一路伤心，把好朋友害了。等了十年，又到杭州去找。

杭州西湖山上有个葛岭，那里有块石头，叫"三生石"。李源后来守信用，到这个地方找，在这块石头上坐着等。三天以后，看到一个放牛的娃娃，拉一条牛来了，李源一看，知道就是他，小孩子就念了两首诗。

第一首：

三生石上旧精魂　赏月吟风莫要论
惭愧情人远相访　此身虽异性常存

意思是说，过去我们谈文章，都过去了，不要谈了。总算你还多情啊，还守信用那么远来看我。当年我是个大师父，现在身体变了，是个放牛娃嘛，可是本性没有迷。

第二首：

生前身后事茫茫　欲话前因恐断肠
吴越江山寻已遍　却回烟棹上瞿塘

前生同现在都有讲不完的事，已经换了一世了，过去的事不要谈了，恐怕更令人伤心，我也在这里等你哎！赶快回西安去吧！意思说你年纪大了，也快要完了，我们要回四川了！

这些是顺便讲，不要被这些文学迷了，你们现在没有资格谈文学，记得而已。这是说，修行有人可以到达入胎不迷，住胎就迷了，不到三果以上的境界，没有达到三禅定以上境界，一出胎是非迷不可。

你们研究阿赖耶识，为什么一个妈妈生出八九个兄弟，每人个性都不同？这不是遗传的，是自己前生带来的业报不同，因此每个遭遇、命运也不同，可是自己不知道。

为什么我们入胎出胎会迷？生死来去那个压迫的痛苦，比你熬腿、比你打坐还难受万万倍以上。一痛苦一昏迷你统统完了，所以气脉不修通，你想得定了生脱死，谈何容易。这个都做不到，你们岂不是白出家了！

这段话把你带领得天昏地暗了，现在我们话说回来，魏晋南北朝一部讲修行的书出来，就是《修行道地经》（竺法护译，二三八——三一六），讲老实修行的法子。由安那般那，数息、随息、止息，然后讲到怎么样用息，修风大，修生命的气，然后转到白骨观。因为释迦牟尼佛在世，教弟子们证果，主要都是白骨观、生命气这两个路数，都是在这两个上面转，很重要；再配合三十七菩提道品去修持。《安般守意经》和《修行道地经》，影响了中国道家，所以道家就有了修气，安那般那后来变成气功了。《坐禅三昧经》是鸠摩罗什后来翻译的，还晚个一百年（鸠摩罗什四〇一年到长安）。

所以道家讲修到神仙长生不死，经常用代号讲话，怎么讲啊？些子事，这个“些子”是什么？是“此”字下面“二”划，“此二”就是“神”跟“气”两个，心念跟气两个合一。所以佛教用念佛珠，道士用个连环圈，两个藤的圈连环，转来转去，就是“神”跟“气”两个不分开。

这个时候，达摩祖师还没有来（五二〇年到广州），这个时候的修行，是受这本《修行道地经》影响来的，加上佛图澄大师（二三二——三四八，三一〇年至洛阳）过来，口头传授的，用神通传授的，怎么样得定，都是走的修行路线，简单明了快速，不谈教理。

教理是后来在西安、关中、洛阳发展的。在西安一带，鸠摩罗什来了以后，那边学者很多，他们着重谈学理，像“三论宗”的《百论》、《十二门论》、《中观论》，等等。可是你看到，凡是讲教理讲道理的学者们，看不起实修的人，认为他们又不懂学理，乱打坐，懂个啥啊！这般打坐修行的，又看不起这些书呆子，他妈的，那些人乱吹一气，空讲一大堆。

当时两派就是这样，势力很大，所以道生法师（三五五——四三四）在西安，因为讲究修持，这些学者都容不了他，结果被赶出关中，就到南方来了。因为长江以南是另外一个世界，也很热闹啊！这边的在家居士们，由两汉讲儒家的学问起，讲四书五经的，已经讲得不想讲了，因此专门提倡“三玄之学”，就是《老子》《庄子》《易经》。所以后来禅宗临济的“三玄三要”，同这些都有关系。

魏晋南北朝，北方这些少数民族皇帝的政权，专门在山上、石头上刻佛像；南方这边专门修庙子，也讲修持。所以有一首诗：“南朝四百八十寺，多少楼台烟雨中。”江苏这些庙子，都是这个时候造起来的。南朝四个朝代，宋、齐、梁、陈，外加三国东吴、东晋，都建都南京，所以叫“六朝如梦鸟空啼”。像梁武帝这些都信佛的，都是弘扬佛教的啊！所以，从另外一个角度来看，中国文化在五六代的政权朝代，几百年的演变，我们只好写个题目——“乱玩光头”，都在和尚里头玩，太闹热了！

所以有位学者汤用彤，写一部《汉魏两晋南北朝佛教史》，拿《高僧传》里的资料写一写，只讲一点点，就是名学者了。要是我来给你们出题目的话，这里头可以写一二十部的著作，不得了。还有科学方面的东西，天文、地理，古里古怪的东西，很多都在这个时候传进来了。

中国道家修神仙的也多，譬如杭州葛岭的葛洪，江西的许旌阳，像万寿宫、旌阳观，这些道观都还在啊！所以道家、佛家各种人物，都是这个时候出来的。可是这个社会之乱、政治之乱，只要坐着想想，读读历史，就会又伤心又可笑！看看自己这个民族，在那个最变乱最苦的时代，七零八落多少变乱！这边杀人如麻，那边又是剃了光头，上山修道得道，精神文明又提得那么高，文化偏偏是那么发达。这是个什么国家？什么民族？到现在我都搞不清楚。真是奇怪的一个民族国家，这么有意思。

这个时候，达摩祖师快来了，可是达摩祖师未来以前，他的一个徒侄先来了，就是佛大先的弟子——佛陀跋陀罗（三五九——四二九），是禅宗的弟子，注重修行、做工夫。他翻译了《达摩禅经》，告诉我们怎么样修行打坐。这本经跟《修行道地经》配合的，后来你们看的智者大师讲的六妙门——数、随、止、观、还、净，都是从这里抽出一点点，没有完全讲清楚，所以这次要给你们讲清楚。明天起正式讲这个修持之路，要好好听，听了好修行。

佛陀跋陀罗跟鸠摩罗什（三四四——四一三）见过面了，鸠摩罗什很多经典翻不出来，曾请教过他。他就讲鸠摩罗什，大意是说，也不好好用功，你这个见解，在中国怎么出那么大名啊？这句话你看多得罪人啊！当然鸠摩罗什法师没有介意，可是他的中国弟子听了就不高兴。这批和尚也都是大学者，慢慢借故说他玩神通，破了戒，就把他赶到南方来。这个时候慧远法师（三三四——四一六）到南方了，在江西庐山成立了白莲社，建立了净土宗。其实这里头也有政治关系，因为这些和尚里的学派，与关中学者互相有意见、有斗争，所以他避开到南方来了。慧远法师也就把佛陀跋陀罗请到庐山来，译出《达摩禅经》。

佛陀跋陀罗当时预言，说后年有印度的五只船到。他们当时不相信，说他扯谎，也是罪名之一，说他乱讲神通。后来果然是有五只船到。从这个船上下来的人是谁啊？就是达摩祖师（？——五三五）。我讲这个话，因为考证年代，达摩祖师从南面坐船过来，广州上岸。你把这些蛛丝马迹一连起来，非常有趣；但是考证起来就麻烦了。

因为这些经典流传，所以我让你们看《高僧传》，还有看《神僧传》、《神尼传》，这个时候成就的非常多。为什么那么快，那么多？因为修禅定的关系。这同禅定有关系，又没有关系，是一个根根，两条枝杈。

譬如说，隋朝的天下，隋文帝姓杨，是尼姑养大的。杨家是住在庙子旁边，他妈妈生下来这个孩子，家里不能养，一养就出毛病，发痉挛啦什么的。隔壁的老尼姑过来了，说："啊呀，施主呵，你们杨府养不了这个孩子，还是归我带吧。"她就把孩子抱过去带大，所以他们都是信佛的。又如宋朝第一个皇帝刘裕，也是尼姑带大的，他的小名叫"寄奴"，在庙上寄养大的。南北朝好几个皇帝都是这些尼姑培养出来的，本事大吧！那岂止是"尼姑生儿中状元"，这些都是尼姑儿子做皇帝。

这个时候的佛学，大家赶时髦，有人取名字叫"罗汉"的，也有叫"菩萨"的，叫"夜叉"的也有，叫"金刚"的，叫"般若"的都有，很时髦。等于我们现在有叫"原子弹"的，也有叫"散弹"的，最时髦的就是洋文的名称，像般若、罗汉都是外文来的，当时就是这么一个时代。可是你看看《高僧传》，在那个阶段证果的非常多。所以我说，中国文化发展到宗教发达，禅宗流行，真修行的反而少了。

休息十分钟再说，还不要散开。

第六堂

内容提要：

达摩祖师与神光

心如墙壁是什么

对无喘的问答

色空的对答

听不懂怎么办

我现在先由历史的演变，介绍这个情况，大家要注意。

《达摩禅经》、《修行道地经》这两部经典，是历代佛弟子修成功的大罗汉们的亲身经验，一代一代传下来的。《达摩禅经》翻译出来，在当时也没有大流行，但有跟着它修禅定的人。这个时候天台宗智者大师（五三八——五九七）还没有出来。后来智者大师的“小止观、六妙门”，就是抽用这两本经的要点，但是并不完全，也不对了。他是另走一个路线。我认为，这就是天台宗不到三五代就断的原因，因为没有人好好修了，也修不好了；禅宗也没有了，真修禅定的都没有了，这是很严重的问题。

这个道理明天继续讨论。因为你们都学过一点听呼吸啊，鼻子数息啊。和尚没有钱嘛，只好数鼻子的呼吸了，把它当钱，一、二、三、四，慢慢攒吧！也攒不出来几个钱。不过，要是真懂了数息的方法，很快就有效果的。

好了，达摩祖师和鸠摩罗什、佛陀跋陀罗，三个都是印度来的，可是没有同时。佛陀跋陀罗是从南方广东这边上岸的，达摩祖师也是，不走丝绸之路。鸠摩罗什是从西北这一边过来。一个从北印度过来，两个是从中印度尼泊尔，从南印度这边转过来。来中国的路线两条，修行的路线也是两条。

现在我们讨论禅宗，昨天讲到，达摩祖师取禅宗心法来，在《五灯会元》、《指月录》上也看到关于二祖神光。当然你们大家要注意他，我写过一些小文章叫《禅话》，你们再看看。

二祖神光见达摩祖师以前，也在修定，他打坐用功夫很深入，而且没有出家以前，他是研究“三玄之学”，是“老庄”的专家学者。他学问非常好，下面学生弟子，信他的人很多。他因为看了佛经以后，正式出家，出家以后求道，到达摩祖师这边。所以，禅宗的记载很简单，在雪地上站着求法，不要说砍不砍膀子。古道昨天跟我讲，“老师啊，那个嵩山真冷。”我说那是中岳嵩山，中国的中天啊！当然冷，再加上它那个雪，冻得很，神光为求道不怕冻。

注意哦，你看看，二祖到嵩山见达摩祖师，达摩祖师在打坐，这样冷的山上还下雪，他站在旁边。达摩祖师回头，看到他站在那里，不知站了多久，这雪下得已经把两个腿埋了。所以达摩祖师问他：“你干什么？”他说：“我来求道问法啊！”达摩祖师大骂他一顿，意思说：你！来问禅宗的心法，立地明心见性成佛，那么容易做到吗？

“诸佛妙道，旷劫精勤，难行能行”，你看骂得多厉害。一切佛无上的道，“旷劫精勤”，你做了多少功德啊？你修行多少了？旷劫，诸佛菩萨是多生累世，真正勤劳在修，修什么？难行能行的菩萨道，一般人做不到的事，他做到了。“非忍而忍”，有些忍受不了的痛苦艰难，能够忍得住。所以小乘修行，也讲“忍法”，譬如打坐熬得住，也是小忍。

“岂以小德小智，轻心慢心，欲冀真乘，徒劳勤苦”，他说：你呀，想学禅宗，传你心法，立地可以成佛，你休想，你在这里打什么妄想！

这一顿收拾下来，够惨吧！那么冷，站在那里，下大雪，雪到膝盖头这里。师父问他，你求我干什么，他说我要求道，结果被他这一顿骂。因此他表示诚恳求法的决心，抽出戒刀来，把膀子砍了。达摩祖师也是人嘛，有慈悲心，就说，好了！收容下来。我们不要光是看文字，应该说不是这个时候马上问他什么，是过后问他有什么经历。当然他把修行经过一切告诉师父，就是“此心不能安”，所以，达摩祖师说：“将心来，与汝安。”他说：“觅心了不可得。”心找不到。

达摩祖师说：“我与汝安心竟”；就是这样下去，我给你安好了，参究一下，你可以安心了。这是当时接引的一种机缘，写禅学的人，自己就下注解了，认为这个时候二祖悟了，哪里说二祖悟了？这是当时接引的禅宗手法，意思是，好！你如果找不到心，那就是啦！这些佛经上都有嘛，写得明明白白，“心不见心”，“心不自知”啊，心是找不到的，所以“觅心了不可得”。

我问你，王师啊，譬如你出门带了三万块钱，临时要用，结果你找了半天丢了，你说找不到了，这个时候你如何？“好吧！那就算了吧。”那个好吧，就是算了！没有了就算了。找了半天找不到的时候，那个心情，自然有一种放下轻松的感觉。但这并不是禅哦！也是禅的一种，是接引教育的手法，不能说在这里就是悟道。真正的悟道是用工夫，是另一个境界。你不要看了这些语录，随便受骗。

达摩祖师告诉二祖，当然他在那里有多久没有记载，也跟在他身边了，在嵩山少林寺那边，告诉他怎么用功："外息诸缘，内心无喘，心如墙壁，可以入道"，这是真东西来了。外面境界一切放下都不管，这个外不是身体以外哦！你内心上那些什么念佛，念咒子，做各种各样的工夫都放掉。"内心无喘"，"内"也不是身体以内的内，再深一层，你各种念头、各种思想一概放掉。然后，呼吸也宁静，不呼也不吸，没有心息的往来，完全宁静了。到这个时候，"心如墙壁"，内外隔绝了，外边也打不进来，"可以入道"，可以进门了。工夫没有到这一步，什么都不要谈。所以这一段记载很真实。

等于昨天，我过来想给丁师改姿势，我还没有走到，他已经抬起眼看我了，他就动了。后来第三次过来，他又动了。我说："你干什么？"他说："我看到你过来。"我说："你不要受我影响嘛！我过来同你什么相干？"要内外不动，心如墙壁，过来过去都知道，但是都不相干。

然后记载说，这个时候，二祖还跟在达摩祖师旁边，跟了多久，这个查不出来。每一次，他向师父报告用功的心得时，达摩祖师"只遮其非"，不对！不对！否定了他。没有告诉他什么不起妄想，无念就对这类的话；也没有告诉他怎么去除妄想，怎么就是道，一切只是否定而已。

有一天，二祖来告诉师父：师父啊，我做到了，我到达了，外缘都息掉了。换句话说，一念不生，什么都没有了，什么都不起了。达摩祖师说，你不要落在断灭见上哦！认为什么都不知道，什么都没有，都空了，那就不是了。他说：

没有啊，我都清楚啊。好，从此入门了。

这一段“外息诸缘，内心无喘，心如墙壁，可以入道”，这个时候也不打机锋，也没有什么转语！这些路线走的是真正的禅宗，是“直指人心，见性成佛”的一条直路。而在这句话中有关工夫见地，你自己参一参，这个参不是去研究，是一边做工夫一边体会，保证你成功。

“外息诸缘，内心无喘，心如墙壁，可以入道。”一切放下完了，既不落入昏沉，又没有散乱，清清楚楚，明明白白。本身自性自然现前，这是一个重点。

今天晚上你们先掌握这个重点，夜里体会体会，明天起正式告诉你修小乘止观这个修行之路，配合上这个，然后再讲一点禅堂的规矩。反正一下搞不完，也没有个场地表演，譬如打香板，香板怎么来的？我开始提出来，你们没有答啊（答：从雍正开始。）。不要乱用香板，千万注意。我很反对乱用香板，就怕你们将来，又有武功，又乱用香板，当个木剑那么用，乱去打人家的屁股，来生果报，给人家打屁股受不了啊。

好吧，今天先到这里为止，回去先参这一段。看看做到怎么样！明天再来讨论了。我请少林寺同学们先留一下，对这四句话，体会到什么程度啊？闲谈一下，好不好？讲讲你们个人的经验体会。这样，丁师开头吧，他敢说的，无人无我，放开来说。

僧丁：我觉得这个话的意思，禅宗有句话叫“大死大活”。

南师：这是讲道理了，讲你自己的体会。

僧丁：我自己的体会，自己心里面的东西，因为在久远劫来，轮回的过程中，染上妄想执着的习气，这是在内心里，而不是外边的东西，这些习气要从内心里把它放弃。

南师：对。

僧丁：心里面“外息诸缘，内心无喘”，你再遇到这些事，你内心不会有这个喘息，喘息是波动啊。如果我喜欢这个东西，马上有个感觉，有这个反应一样的。“外息诸缘，内心无喘，心如墙壁。”就是说对这个东西，已经放下了，看见了就看见了，就是说心慢慢地清净了，清净了就可以入道，慢慢地可以进入这个道的门嘛。

南师：这是你的理解？

僧丁：呃，对。

南师：那你平时做工夫也是这样做吗？

僧丁：平时对这个想得很少。

南师：不大注意这个道理，重点不在这里的？

僧丁：对。

南师：那请你再说。

僧丁：我平时对这个上面想得很少，因为以前我看《心经》，对《心经》想得多一些。

南师：那你对《心经》的心得讲一下看看。

僧丁：对《心经》我是这样看的，因为这个“色”和“空”，很多的概念问题，我的体会就是，理解概念问题比较明显。就是说“空”和“色”，好像一个人两个名字，老是弄不清楚。对这个问题，我一个体会就是，“空”跟“色”啊，其实是他讲一个东西，两个名称，就是“空”跟“色”，已经形成一个固定的思维，这个思维就转不过来了。他说这个“空”是“色”的时候，反过来说“色”是“空”的时候，脑子就转不过来了，在这上面混淆，混淆了很多概念，人的内心就产生了很多执着和妄想，不知道“空”跟“色”是一回事。

南师：你是这样看法吗？

僧丁：嗯。

南师：嗯，好，那么一直是这样看法？

僧丁：对。

南师：你得结论了没有呢？你自己做了结论没有？

僧丁：我自己觉得，到最后还是用功吧，这样一个体会就是说，把这个道理弄明白以后，心里马上有一种浑身很通畅的感觉。

南师：那么，你认为“色”、“空”两个转来转去，只是名相上在转吗？

僧丁：这个，它含义不一样。每一层，每个阶段对这个含义理解不一样，这个本质呢，是一样。

南师：不是啊，你现在的观念，你讲的是两个名词上的观念在转来转去。

僧丁：这个概念，还是心理认知的这个概念，如果它这是个本质，你说它是空，已经不能接受了，因为一般的人，从小熏习已经不能接受了。你要说是个本质，他肯定能承认，你说它是个空，他已经不能承认了。所以，人这个习气毛病，首先都是在色相上熏习出来的。

南师：是你的认为？

僧丁：对。

南师：那佛法讲“色法”是讲实在的哦！色法就是唯物哦！就是你这个本质，这个本质是真的哦！色法是有的哦！不是空的哦！

僧丁：对。就是这个相的形成，要知道它的形成，并不是说，你知道它的形成，就不会执着它了。要知道这个东西是怎么形成的。

南师：怎么形成呢？

僧丁：这个东西就是《心经》上讲到的“五蕴”嘛！它是“五蕴”相互作用，形成的一个东西。

南师：你这个是讲佛学，佛法所讲的色法，不只用佛学讲，还要用科学讲解，这一点，你们千万要注意，要懂一点科学物理。科学的物理显示，这个东西本来也是空的，大科学家也知道，色法就是物。色法包含了五种，在佛法里是地、水、火、风、空，是有“质”的，就是现在讲物质的。但是现在科学都晓得，这个物质，分成表色、形色、显色等等，各种现象归纳起来有三十几种，它的变化很大。

譬如我们这个肉体坐在这里，你觉得难受，像今天给你调姿势，碰过你的背部，这些都是色法作用。有就是有，不是空。

僧丁：我讲的意思还不是这个意思。我讲的意思就是说，人这个心啊，我把它当成心，就是说，这个心的形成，都是因为色法上的一个经验，一个积累。

南师：你讲得对啊！你讲得对。我刚才忘记了给你讲，色这些东西就是相嘛，色相本来是空的，你是从心法上讲这个色相，这理论你讲得差不多，但是以后不能这样讲了。你这样讲，对一般普通学佛可以，针对一个大时代科学就不同了。现在要懂得科学，科学讲的那个色法的空，跟佛法讲的究竟空不一样，叫你留意这个。

僧丁：我对《心经》体会的就是说，有些人是在解释这个概念，我认为这个概念不用解释，可以变换一下，就是空跟色吧，它是一个概念的变换问题，并不是解释什么，用空解释色，或者用色解释空。

南师：对，你讲概念就是现代的话，就是一个“概念”，我们现在先回来，讨论什么叫概念。

僧丁：概念就是定义嘛，它定义这是一个本质，它就是一个本质。

南师：但是，所谓概念，我们讲实在一点，就是我的心里、思想上有这么一个东西，一个观念，这个叫概念。概念是现代逻辑上产生的名词，古人没有这样用，古人只叫“念头”，就是这个“念头”。

僧丁：念头，对。

南师：现在新名词叫“概念”。这个念头、思想，你说色、空两个变来变去，你就是说，这个都是玩弄自己的思想。你思想觉得没有这个东西，心里就舒服了，空了，放下了。

僧丁：放不下的，就是这些东西。

南师：对。放不下就是你这个念头，自己放不下。

僧丁：对自己念头放不下。

南师：你说色也好，空也好，都是自己念头上在转，玩弄自己嘛。把这个念头放下来，就无所谓了，色也好，空也好。

僧丁：对。明白了它两个是一样，一回事嘛。

南师：以现在来讲，这个是从一般心理学上的讲法，也可以做得到，但是究竟“色”“空”，不是这个道理，叫你留意啊！明天再讨论。看你还真在山上用功，没有白出家，年纪轻轻你到现在还真在用心呢！真了不起，但是还要进一步。这个明天再讨论。

后面还有吧？还有哪些年轻的朋友？免得有话憋住不说，不好啊，有没有？有话则长，无话则短。好，甲师讲话，你讲清楚一点。

僧甲：刚才这个问题，也是我一直想不通的问题，这在《楞严经》上，佛开示阿难的时候，在那个“四科七大，会归如来藏性”。四科就是五阴、六入、十二处、十八界；最后是七大。“会归如来藏性”，在这个地方。

南师：对，你正好说有问题问我，你们有事情诸位尽管请啊，他要求我给他一点时间，我现在给你时间，我们两个讨论。

僧甲：就是这个问题一直参不通。

南师：你说根据刚才丁师讲起，你现在提出你的问题是吧？大家没有听懂你的话，你说《楞严经》上关于地、水、火、风、空、见、识，七大。

僧甲：七大归纳起来，就是“根尘识”，“根尘识”最后佛法归纳成为几句话，他就是说，“根尘同源，缚脱无二，识性虚妄，犹如空花”，后来他说，“知见立知，即无明本；

知见无见，斯即涅槃，无漏真净。”就是这个地方我就不懂，如何是“知见立知”？如何是“知见无见”？这是第一个问题。

南师：你问得好。你要我留时间给你，就是问这个问题？还有很多吗？

僧甲：还有对于那个“缘起性空”的问题。“缘起”属于生灭法，“性空”属于不生灭性，但是《圆觉经》上讲，“未出轮回，而辨圆觉，彼圆觉性，即同流转”。但是我们平时起心动念、行住坐卧，都在这个无明用事，“以轮回心，生轮回见”，“于无生中，妄见生灭”，那个就是我平时一念无明所在的地方。

南师：你第一个问题牵涉到《楞严经》，第二个问题牵涉到《圆觉经》了，还有一个，原告先提出来，被告再来答辩。

僧甲：那个“缘起性空”的问题，就是见到性空，在我们一般普通的凡夫知见呢，认为空就是空，色就是色，但是在胜义谛中，色就是空；空就是色。这是在胜义谛实相上讲，就是在缘起性空、性空缘起这两者之间，不再自相矛盾。这个也是《楞严经》上讲的问题，就是地、水、火、风色法，“性色真空，性空真色，清净本然，周遍法界”，这个也就是说“缘起性空”的道理。

南师：你都背得很好啊，不错啊！

僧甲：靠书本上的东西解决不了啊！

南师：你心里不安，解决不了。

僧甲：心里一点都不踏实，书本上的东西已还给书本了。

南师：你这三个问题都很大，如果这三个问题都踏实就好了。

僧甲：还有一个问题，佛在《维摩诘经》上讲的那个，舍利弗在宴坐的时候，维摩居士就呵斥他："不断烦恼，而入涅槃，是为宴坐，佛所印可。"答文殊说："如是见无为法入正位者，终不复能生于佛法。"这些个问题是禅宗的关键，禅宗也是讲"不断烦恼、不除魔见，而入佛见"，"不坏世间相，而求实相"。

南师：哎，你这个孩子不错哎，出家这几年在山上不是白住啊。

僧甲：对于禅宗的机锋转语，我是一句也看不懂，但是维摩居士还有一句哦，"不起灭定，而现诸威仪"，这个从字面意义上讲，就是说他随时行住坐卧都在定中，包括在这个三界之中来去，生灭去来，连迷梦都没有出定；就是像梦中梦境一样，毕竟还是有迷嘛！要醒来，才知是梦。

南师：好啊，你这样四个问题，还有没有？你都抖完嘛，抖完了我先给你收到，放在那里，要答你的，你问的问题都是很大的问题啊！

僧甲：不是有很多佛的弟子被维摩居士呵斥过吗？迦旃延尊者他是议论第一，佛说一句偈或者简单地讲几句，他就阐述得淋漓尽致。但是维摩居士呢，也就呵斥他，就是"无以生灭心，说实相法"。那我们就是以这个生灭心……

南师：没有错，还有没有？

僧甲：暂时就是这些了。

南师：你打电话找我，找李居士转来，就是这个问题啊，就是这些吗？都是公事哦，没有私事吗？（僧甲：嗯。）都是佛法的事哦，就是这些大问题。哎，不错啊！这几年住山还不是白住的，住出问题来了，你这几句还真的背来，真了不起，你这四个问题是一个问题啊！

僧甲：一个解决了，其他的都可以解决。

南师：我想请你替我解决，你不要客气嘛！

僧甲：唔……我就是解决不了。我解决不了这些问题。

南师：我想请你替我解决这些问题，你听懂了吗？这就是禅宗。我替你解决得了，释迦牟尼佛当年早替你们解决了，他也没有替我解决啊，这就是禅宗的机锋，我说请你替我解决，就是要你自己解决。你刚才谈的，讲学理，你这几套为什么不写出来？把你这几句问题写出来。丁师！你是牙齿痛么？上火还是什么？吃黄连上清，马上去拿一下。还有哪个身体不舒服的先讲，赶快拿药吃啊！倒点水给他，然后这一包给他，他有点虚火上升。

你在经典上知见上蛮用功，你首先提的，用《楞严经》引用的，“七大皆是如来藏性，既非因缘，非自然”，你都在用功，在研究了，佛门这口饭你倒是没有白吃，不是白出家啊！嘻！你了不起，我真是恭喜你了，不然我怕你辜负自己。“佛门一粒米，大如须弥山”哪，你有资格吃这口饭了。我现在解决不了你的问题哦，先给你讲第一个问题。

你提到《楞严经》上说，七大的见，明心见性的见，“知见立知，即无明本，知见无见，斯即涅槃，无漏真净”，原文是不是这样？我们一切众生存在所知所见，这个“见”，不一定是眼睛看见的见，刚才丁师父讲的心里头的概念，这个观念就是见地，知道一切这个就是知与见，“所知所见”，不谈“能知能见”的啊。知见这个作用就是心念，对不对？（僧甲：对。）这个心念知道的、思想的，这个就是“知见”。对不对？（僧甲：嗯。）

“知见”有了，心里有个知道了，有个思想观念，“知见立知”，这就是一念无明，就叫做妄念，“即无明本”。现在解释文字，对不对？听懂了吧？是不是这样？这两句话是不是这样？（僧甲：嗯。）

再下面，“知见无见”，假使一个人做到，妄念、感觉、执着，一切皆空，达到了“知见无见”，空了，没有了，不起这个知见的作用了，“斯即涅槃，无漏真净”，这个境界你到达了，就证得涅槃，证得当下无漏，得无漏果了。当下一念清净了，是不是文字这样？

僧甲：这个我不知道。

南师：我讲得对不对啊？请你决定，你说没有讲对，再来。对了没有？

僧甲：这个我也不懂。

南师：那我不是白讲给你听吗！你只晓得问，我答复你，你又说不知道，我岂不是白讲了！那不是说白话，你逗我玩的。

僧甲：这个“知见无见”，是不是离心意识呢？是不是那个意思？

南师：你又乱扯了，现在讲这几句话，你又扯一个问题出来了。你就是专门在那里打妄想，佛门的米给你吃下去，一天到晚在串这个妄想啊！你乱扯下去，我就不答复你。哪里给你们这些人搞得完啊！这样听懂了没有啊？我先问你这一点。哎！你不要老是问你的话，你女孩子气那样，摇摇摆摆点个头，要同男人一样，声音大一点！男子汉大丈夫嘛。

僧甲：还是不懂。

南师：听不懂是吧？那就没办法了。那就放到吧。不懂，那你四个问题我都没有答复你啊，以后再说，因为我答了你也不懂，听不懂！

大家还在这里，现在我不跟你讲了。宋朝有个禅宗祖师——遇安禅师，住浙江温州瑞鹿寺，还注解《楞严经》。他读《楞严经》，读到“七处征心，八还辨见”上这几句重要的话，“知见立知，即无明本；知见无见，斯即涅槃，无漏真净”，很诚心地在读，忽然开悟了。他怎么开悟？自己读了这几句原文，把句子一改，就开悟了，所以他的外号叫“安楞严”。

你看原文是“知见立知，即无明本；知见无见，斯即涅槃，无漏真净”，他忽然读到这里，拿那个笔点一下，“知见立，知即无明本”，有个知，就完了。“知见无”，知见一概丢掉，就是刚才丁师讲“概念”，这个念头一下都把它丢完，“见斯即涅槃无漏”，连“真净”两个字都不要，自己就悟了。所以他把圈点一改，就这样他大彻大悟。

人家自己会圈点，就开悟了。你要问人，别人给你解答了，还是听不懂，那就将来再说吧。换一句话说，你要问我，我说，你听懂没有？你说听不懂，是吧？那么我要以禅宗作风说：“兄弟啊，回峨眉山去，听懂的时候再来。”就好了。

好啊，休息一下。我到这个时候精神就来了，要么我跟你们玩到天亮。因为他刺激我，精神来了嘛！哈哈，“知见立，知即无明本”，我就起来了无明，一片无“名”火就发了，恨不得揍他一顿。

第 三 天

二〇〇五年十二月十八日

第一堂

内容提要：

唱念的重要

音声陀罗尼

说气脉

色法 心法

鸠摩罗什说色空

跋陀罗说色空

昨天晚上，达摩祖师和二祖神光讥笑我，那个态度很难看，耻笑我犯了戒律，犯什么戒律？达摩祖师曾有一句话吩咐："勿轻未学"，也可以说"勿轻末学"。末法时代，虽然修行人比较少，但是叫大家不要轻视了后辈。唉！我有这么一个错误，认为这个时代，根本没有人，可是还真有人，还出家，还研究禅。这几天因缘虽然很短，昨天晚上听了丁师、甲师，加上前天壬师，三位出家同学的报告，我倒有点惊讶，不错啊！了不起，在这个时代还有这样的年轻人，所以祖师们也来耻笑我，"傲慢啊！不要轻视未学"。

原来古道师的理想，让很多老参古参来，结果他没有办法应付了，随便弄两个新参，找几个师兄弟来跟我应付。这次至少乱七八糟闹出来了。不错啊！也是三山五岳的，你看，三山，嵩山少林寺，武夷山，峨眉山；没有五岳就是了。哈……现在先讲事务性的感想。

其次，我非常提倡软修法门的唱念。真正各个庙子的出家人，把唱念软修法门修好，就是大的观音法门，可是没有几个人做到的。而一般的出家在家，不管和尚尼姑，喉咙都打不开，像甲帅一样，声音都听不见。为什么声音不好？唱念不好？这就要反省自己是不是因为功德不够，自身业报把你的声带呼吸气管锁住了！注意哦！这个地方是生死关。男人的喉结是呼吸系统、声带的地方，和全身气脉都有关系的。

所以普通人讲算命看相，只看外表，不知道有个内五行——金木火水土，非常重要。所以你看再三赞叹阿弥陀佛诸佛菩萨那个声音，频伽之声。结果好多人连讲话都不清楚，声音发不出来，唱念唱不好，也不唱，还看不起这种念法；也不晓得忏悔反省，那是自己多生累劫，没有说法利众生，外加造口业、恶业的果报。

一个丛林寺庙，唱念很重要，过去我去的西藏，一到晚上出家人连老百姓，满山遍野只听到“嗡嘛呢叭咪吽”，震动那个土地，一听，人就宁静下来。这个观音法门音声力量是那么大！显教的唱念不是唱歌，是从华严字母来的，前天曾叫宏忍师示范一下。假使嵩山少林寺、武夷山、峨眉山上，昼夜听到这种唱诵声音，人一进到那个环境，不要修行就已经修行了；所以壬师听了很震撼。

过去我们在美国的时候，讲起来已是二十年了，那个时候没有人敢到大陆来，尤其出家的尼姑。宏忍师到大陆来走了一圈，我也叫她到处都要教人家多一点唱念法门，武汉莲溪寺还有她的唱念录音。所以你们华严字母是要研究，一切唱念都从华严字母来的，是音声陀罗尼，是一切咒语，一切显教的根本。你们有些出家大师们喉咙不好，多开口念咒子念经，同小孩读书一样朗诵，慢慢这一生可以把喉咙打开。

至于修行到达气脉通了，喉咙这一关，道家的名称“十二重楼”，也叫做金锁关。最后一口气不来就死亡，因为这里锁住了，等于女性耻骨这里。所以道家有两句话告诉你，其实它是修行秘密："上鹊桥，下鹊桥，天应星，地应潮。"道家书你们看不懂的，那是工夫经验来的。上鹊桥就是男人的喉结这里；下鹊桥是男人摄护线到海底部分；女性是子宫卵巢到海底。男女的生殖器官不同，男人器官里头两个管子，上面这个管子输尿的，下面那个管子是输精的，从一个口子出来。女性的是，上面口子是尿道口，下面的口子是阴道口，那里的骨头叫耻骨。所以你们学武功学医术，这也都是应该懂的，不然同参的女性练武功又修行，你怎么指导啊？你慈悲不能只慈悲男性啊，平等的啊！

所以女性要生孩子的时候很痛苦，耻骨要打开，因为骨盆里两耻骨是软骨联接，骶尾关节在分娩时后移，盆骨打开，孩子才生出来了。所以生了孩子要坐月子，一个月一个月慢慢恢复。

我们喉结这里也一样，修行看你们的工夫，一看这里就已经知道了。所以祖师说：嘿！你们学佛参禅，在我面前走三步路，你的命根我都知道了。因为一看这里都看得出来，就晓得有没有工夫，有没有修行。不管你练武功练气功，不对就是不对。

这个金锁关上鹊桥打开了，生来死去可以做主了，预知时至，要走就走，要留就留。在密宗的气脉说法，这一节喉脉叫喉轮，也叫做受用轮。粗的说有十六根脉，密宗气脉你们少林寺的同学有研究听过吗？都不清楚！三脉七轮非常非常重要，这和《入胎经》要配起来研究，来不及跟你们讲，我想告诉你们的太多太多，时间都来不及啊！

所谓气脉，包括密宗所讲三脉七轮，中医的十二经脉，统统在内。安那般那出入息修好了，气脉真的修好了，自己在定的时候，不管开眼闭眼，自身的气脉走到哪里就清清楚楚。像前天丁师的报告，我听了很高兴，他能够看到内脏，虽然不详细，乃至瞎猫撞到死老鼠，能撞一下都是了不起。

喉轮（受用轮）打开了以后，醒梦一如，自然没有妄想了。所以拿色法来讲，气脉不打通，妄想除不了的。以科学来讲，我们嘴巴吃东西进去，喝东西进去，由咽喉到胃这一节食道管，属于受用轮喉轮的气脉，同下面的大肠小肠一样，永远不干净的，脏得很。你以为吃素就干净了吗！喝牛奶都不行，喝一点水都不行，你看那个玻璃杯装牛奶，牛奶喝完了杯子上怎么样？有经验吗？如果不洗的话，喝个几十次，这个杯子就不透明了，玻璃杯有一层一层沾上去的污垢。所以我们的喉脉，食轮的脉，饮食吃下去，喝酒啊、喝茶啊、喝水啊，一天到晚都沾在这里，不干净。因此从这里到脑子，妄念不会停的。至于下面的肠子、膀胱，大小便经过的地方，都不干净的。

真得定，修持达到气脉通了，到了辟谷的境界，不要饮食了，只喝水，它完全通的，内身就变成玻璃体了。所以密宗讲，报身修到琉璃之身，临死的时候可以变成一阵七彩的虹光就走了。过去我们的祖师，印度几十代罗汉都是这样走的。这是有为的工夫，不是讲理论可以做到的。这些事多得很，跟你们讲起来很闹热的。

所以，随时都要考验自己有没有修行，像我这几天跟你们讲话，我正在生病啊！伤风感冒没有好，可是我可以跟你们玩到天亮，玩个两三天，你们还撑不住。以年龄以身体来讲，我比你们吃得少，年纪又大，为什么如此啊？气脉关系。我就是个话头，你们就要参了。这些道理，一下讲不完的。

要修行，平常跟了我很多年的出家在家同学，完全搞清楚的，还是没有。理论懂了的，工夫配不上；懂了出世法的，入世法不懂；懂了入世法的，出世法不懂。怎么行啊！我这个人牢骚多，挨了祖师的笑，我就来骂你们，报复一下，呵呵！要好自为之，好好修！现在来不及给你们讲。

讲到唱念，昨天晚上我告诉宏忍师，像壬师他们少林寺的同学们，如果要学华严字母，你发心好好唱念，让他们好好学。把《禅门日诵》的华严字母印出来，发给他们，当场讲一下这个字母怎么念。等一下或者明天上午，多讨论一下，多偷一点东西回去，连这个都不晓得偷啊！嘿哟，还出家！连小偷都不会做！有时候要偷法啊。所以你们学武功，嘿嘿嘿，要偷功啊！我当年那个老师，武功很高，他做过小偷，做过贼。我说："师傅啊，做小偷有秘诀吗？""有啊，那不告诉你。"后来他告诉我，我也背不得了，只会背开始两句："偷风不偷月，偷雨不偷雪。"风大了可以偷，门开了有点声音听不清楚嘛；月夜不能偷，要黑夜偷；下雨天可以偷，下雪天不能偷，路上会留足印。

"偷风不偷月，偷雨不偷雪"，文学很高，后面的我当时记了很多，后来就懒得记了。你们既然学法，要懂得偷法嘛，每人都有长处，在各人那里偷一点回去。所以你们要学唱念，就请人家唱念才能学嘛！偷一点点也好。

我今天之所以把这个引磬木鱼都带上来，希望有空请她教你们唱华严字母，怎么拼这个音，连带关系如何。等你们会了以后，再告诉你所有密咒的秘诀，你就贯通了。咒语音声有无比的威力，可以降一切魔。这些闲话交待过了，今天有重要的给你们讲，只剩明天一天时间了，明天晚上以后，我们各奔前程了，嘿嘿。当然，要想跟你们讲的实在太多，你们这几位年轻的啊，引起我注意，我以为佛法没有希望，现在出家的没有希望了，看来你们还有希望，很了不起，好自为之。

今天要告诉你们如何用功，就是禅宗心法。渐修而到顿悟，这两个配合，简单明了几句话，懂了以后，知道如何习禅修行。在讲这个以前，先说昨天丁师报告得非常好，他讲到色空之义，在中国佛教有名的叫“色空义”，你们念《心经》，“色不异空，空不异色；色即是空，空即是色。”色与空的关系，也是小乘与大乘的关系。

昨天丁师虽然讲得很好，但是不彻底，他只是讲“色空”是概念，不着相，是统一的，是中观的，也是了义的；这个随便用名词吧，我在最后告诉他，没有完全对。

“色空义”的讨论，是南北朝时，佛陀跋陀罗翻译了《达摩禅经》才开始的。这部经教我们修禅定的方法，他是达摩祖师的徒侄。后来慧远法师在庐山创立净土宗，佛陀跋陀罗写信和鸠摩罗什讨论“色空义”，讨论得很厉害，这是中国佛教所谓的见地。照你们读书人讲，是思想的发展史，影响非常大。说色即是空，什么叫“色”法？大家应该都知道，地水火风空，这五个属于色法；换句话说，拿现在讲，是物理的、物质的、唯物的。

本体性空的“空”是心法，是唯心的，不是唯物，实际上是“心物一元”的。如果只认为色法是讲现象，目前一切现象空了，就是色法空了，那是一点点而已，那只是“空色相”，空色之相，没有空色之体。这个心物一元的道理很大，牵涉到哲学及最高的科学。譬如我们晓得世界上有原子弹、氢弹，这是物质造成的。氢弹原子弹的爆炸力，杀伤力为什么那么大？因为“空”的力量。爆炸了就是空，空就是那个爆炸。物质的极点夸克，最后那个东西，那个能量一爆炸就是空。你看，那个电灯泡空的，你把它一打，“劈呀”一声，那个爆炸的力量大得不得了。你们没有学过科学，不讲了。

所以佛也告诉你，最后的那个物质，叫做极微。一切物质由极微组织拢来的，都是缘生的，它爆炸是空，但是空以后，有没有东西？有。佛在《楞严经》上给你透露了消息，在小乘里头也透露过。物理的这个“空”，乃至一个细胞，任何一点灰尘，把它剖开了以后，与科学方法把它爆炸了以后，是一样的；它七分（上下四方中七微）有“色声香味触法”。你看一切的东西爆破以后，有气味，你闻到那个气味就会死，那是“空”的力量。所以时代不同了，讲法也不同。不讲远了，我们没有时间，因此给你找出来，《指月录》上讲“色空”的关系，大概抽出要点讲，不是完全，完全资料很多啊。讲义发一发吧，以他们出家众为主，在家众不够，再去印。

秦跋陀禅师问生法师讲何经论。生曰：般若经。

《指月录》这里印的是秦跋陀禅师，就是佛陀跋陀罗禅师。佛陀跋陀罗问生法师，不是道生法师，应该是指鸠摩罗什。《指月录》这里改变了，给鸠摩罗什擦粉，把鸠摩罗什改成道生法师了。“道生”是谁啊？就是“生公说法，顽石点头”那个生公。其实，道生法师跟跋陀罗一样，都是被关中这些大师赶出去到南方来的；因为他们是讲修持的，和这些讲教理的派系不合的原故。

其实这一段话不大对的，要查《高僧传》才能知道，实际上是鸠摩罗什有时候解决不了问题，就请跋陀罗禅师来。他们都是印度人嘛，请他来解决佛法问题。

他问鸠摩罗什，“你讲什么经典啊？你注重的是什么啊？”回答说，是《大般若经》。《心经》是小般若啰。

> 师曰：作么生说色空义？曰：众微聚曰色。众微无自性曰空。

跋陀罗说：“那色即是空，空即是色，色空义，你怎么理解啊？”鸠摩罗什的答话：“众微聚曰色；众微无自性曰空。”答得比丁师进步一点了。哈哈，当然进步。“众微”，一切的微尘，拿现在的名称讲，一切的夸克、中子、质子综合拢来，凝结起来，变成固定有形象的东西，就是“众微聚”，这就叫色法。“因缘生法”，聚拢来，叫做“有”。

但是“众微无自性”，物质的每个质子，最后的能，分析到最后是空的。无自性，没有自己单独存在的功能。一个物质爆破了最后是空的，这就叫做“空”；把这个物质打破了，毁灭了，就叫做“空”。等于这样讲法。

> 师曰：众微未聚唤作什么？生罔措。

跋陀罗尊者就问了，“哎，那么众微未聚唤做什么啊？”他说，那个能啊，那个能量没有凑合拢来，没有变成物质以前，那叫做什么啊？拿现在讲，完全牵涉到最高的物理科学了。这个天地万有没有构成以前，虚空里头有没有东西啊？是个什么啊？“生罔措。”鸠摩罗什不晓得怎么办，被他问得答不出来了。好了，跋陀罗就放他一马，不问了，面子上赶快转弯，接下去说了。

> 师又问：别讲何经论？曰：大涅槃经。师曰：如何说涅槃之义？曰：涅而不生，槃而不灭，不生不灭故曰涅槃。

另外又问：“别讲何经论”啊？他说，你除了刚才讲，喜欢研究《大般若经》，“色空”最重要以外，你还研究什么经论啊？他说，另外注重是《大涅槃经》。“如何说涅槃之义？”什么叫涅槃啊？你怎么解释啊？鸠摩罗什用中文解释：“涅而不生，槃而不灭，不生不灭故曰涅槃。”“涅槃”两个字是梵文音拼拢来，用中国字来代表，所以要学华严字母的音韵了。所谓涅是讲“不生”的意思；槃是“不灭”的意思。总而言之，世界上有一个东西，是生命的本来，是不生不灭的，这个叫做涅槃，就是本性，所以说“涅槃自性”。

嘿嘿！讲得多高啊！所以你们学禅宗，将来回山，每个人买一套《指月录》好好研究。尤其是嵩山少林寺的，连《五灯会元》《指月录》《景德传灯录》都不熟，你谈什么少林啊！那个林字去掉一半，改“少木”好了。

师曰：这个是如来涅槃，哪个是法师涅槃？曰：涅槃之义岂有二耶？某甲只如此，未审禅师如何说涅槃？

佛陀跋陀罗一听，说：“你讲的这个是如来的涅槃啊！法师，你自己的涅槃是什么？”就这样问。你看这些文字记录，都是当时的对话，都像演电影一样，但是看了文字，不要被文字骗了。所以写毛笔字有一句话，你注意哦，要“力透纸背”，这个眼睛要看到纸的后面。你看对话怎么讲呢？鸠摩罗什听到跋陀罗问什么是自己的涅槃，就说：“涅槃之义岂有二耶？”一切众生跟如来一样，只有一个涅槃，哪会有两个啊？

“某甲”，他自己叫他自己名字了，我鸠摩罗什认为“只如此”，就是这个道理，不知道禅师你说涅槃是什么？称他是禅师，真参用功的人，走禅宗路线是实际修行，所以称禅师，不是法师了。

师拈起如意曰：还见么？曰：见。师曰：见个什么？曰：见禅师手中如意。师将如意掷于地曰：见么？曰：见。师曰：见个什么？曰：见禅师手中如意堕地。

跋陀罗一听，把手里拿的那个如意一举，就像我们这个圆珠笔，就把圆珠笔一拿，看到吗？鸠摩罗什说，看到了。跋陀罗说，你看到什么啊？他说，我看见禅师手中这个如意啊！禅师就把这个如意一丢，丢在地上了，手就空的啰，他说，你还看见吗？答，看见了。禅师说你看到了什么？他说我看到你把这个如意丢在地上去了。

师斥曰：观公见解，未出常流，何得名喧宇宙？拂衣而去。

跋陀罗禅师就呵斥：“观公见解，未出常流，何得名喧宇宙？”你看看这句话，演电影一样。“观公见解”，很恭敬称他“公”，就等于现在讲，你这位大师，从印度来翻那么多经典，搞了半天，你的见解见地，“未出常流”，同一般学佛一样，“何得名喧宇宙”，你的名气怎么在中国那么大？当时那个袖子长，一甩，就走了，“拂衣而去”。就这样得罪了他，给鸠摩罗什这样的大师，当面难堪。

实际上跋陀罗也不是看不起鸠摩罗什，只觉得他这个样子做大师，是在误人嘛，“误人子弟，男盗女娼”，那是罪过啊！所以拂衣而去。如果演出电影来，穿以前和尚的衣服，长袖一拂，走了，那个姿势很好看啊！不像你们现在穿短的，袖子甩不开。然后那个禅师走了，这个鸠摩罗什法师坐在那里，那得罪得很难看呀！所以读书要读到这样去了解。可是，鸠摩罗什的弟子们受不了啦，因为这个大师的架子统统被跋陀罗拆掉了。

其徒怀疑不已，乃追师扣问：我师说色空涅槃不契，未审禅师如何说色空义？

“其徒怀疑不已”，有些弟子们产生疑惑，就跟到他后面走追问，“乃追师扣问：我师说色空涅槃不契”，我们的师父答复你的问题不合，不中意，广东话不中意是不满意，不契是不相合。“未审禅师如何说色空义？”那我请教一下，禅师啊，你简单明了告诉我们，什么是色即是空，空即是色呢？

师曰：不道汝师说得不是，汝师只说得果上色空，不会说得因中色空。

跋陀罗说：哎呀，刚才对不起，我没有说你老师不对啊！你老师说得也对。他说的是果上的色空！他没有讲因上色空，没有说究竟啊！并不是说他不对。这就像是昨天我讲丁师的话，你说现象就是概念，概念就是个妄念，现象不管就色空了嘛。

其徒曰：如何是因中色空？

这个徒弟就问了：“那请你说一说如何是因中色空呢？”

师曰：一微空故众微空，众微空故一微空。一微空中无众微，众微空中无一微。

像这个铃子，是“众微”所聚，就是色法。众微就是很多金银铜铁的个体，兜拢来，拿科学来讲，每一个因子，这个能量综合拢来，变成这个铃子。讲彻底的道理，“一微空故众微空”，铃子是众微所成，是许多元素所聚成，每一个元素本身就是空的，所以这个铃子也是空的。“众微空故一微空，一微空中无众微，众微空中无一微。”他说，这是因上的色空，彻底空。

昨天甲师讲到《楞严经》七大，“地水火风空见识”，如讲“风大”，你们修用呼吸法门的注意，“性风真空”就是因上的空；“性空真风”，这一句话是有相的空了。

“性风真空，性空真风，清净本然，周遍法界。”这个道理，你们现在人注意哦！佛法固然讲唯心方面，本身的自性是不生不灭，物理的自性地水火风空，也是不生不灭。所以“清净本然”，心物是一体的；“周遍法界”，无所不在，无所在。

那么心跟物怎么起作用呢？“随众生心，应所知量”，所知道的量，知见的这个量，功能。所以唯识学里有量论，现在学自然科学，学物理学的有量子力学，这也是“应所知量”。“循业发现”，各人业力大小，配合心物一元，起的作用有大小。“宁有方所”，没有一个固定的所在。换一句话说，心空、念空、物空，空的境界无所在无所不在。

所有的经典，只有《楞严经》把心物一元这个原理讲得最透彻；但是还有秘密，所以《楞严经》属于密宗，秘密宗的最高部了。大佛顶密因，有最高的境界。你们都晓得心能转物这个道理，为什么两个腿痛，腿是不是物啊？你为什么转不了呢？这就是问题来了。既然说一切唯心造，你怎么造不出来呢？

昨天听了丁师、甲师一讲，当时也晚了，我说我可以跟你们玩一夜，你们笑笑，也不晓得你们行不行，就了事了。你们散了以后，我心里想，这些年轻人还不错嘛！

这个色空，中国佛学叫色空义。关于这个问题，由魏晋南北朝以后，一直到现在，佛学院都是在那里乱扯，讨论不完。换一句话说，拿现在来讲，就是自然科学与哲学、宗教结合的一个大问题。这是修行的见地，所以我们要先解决，同时也说了昨天晚上我的感想。

他们说时间到了，休息一下。不晓得是给我休息，还是给你们休息，现在给大家休息吧。“色空不二”道理一讲，有五十分钟啦！好好，大家起来，喝杯茶，休息一下，玩一玩。

第二堂

内容提要：

六妙门的修法

六妙门的问题

知的重要

息有长短冷暖

奇妙的观

现在先讲六妙门，详细讲就很多，现在简单讲。尤其这次你们回去，要有了修持以后，再来跟我谈。你们现在没有经验，等于在街上，跟生来就瞎的人说纽约的什么电影；那是白讲的啦，瞎子从来没有看过。

如果坐着用数息，普通叫数息观吧，这个“观”字先不讲，等一下会讲。你们每次瞎猫撞上死老鼠，碰上“息”的状态，念头很清净，都是在肠胃将空未空，一切调整得很好的时候。所以要修行的话，一切生活的细节，都要配合要调整好。因此要了解佛的戒律部分，吃饭怎么吃，穿衣怎么穿，走路怎么走，释迦牟尼佛他老人家，每一点都交待得很清楚。大家讲戒律的只晓得守戒，为什么要守戒？就是怕犯过错，防非止恶，然后到达念头清净。

这样心息专一了，就不要再数息了，因为晓得心息专一了嘛，还数个什么啊！那时也听得见，也知道，一切见闻觉知清清楚楚，可是非常宁静。这个气息每次来回，都很清楚就不必数了，就“随息”。怎么样“随”？不是跟着息，你们看到随字，就跟着气在跑，对不对？笨死了！随者，随便也，让这个呼吸来往随便，可是你都看住它。等于你家里养一条狗，这条狗进进出出，你都看住的。

这个时候不只看住，而且晓得呼吸进来到哪里。有时候只到胸口，你就让它到胸口，不要注意它，不要引导它，不要帮忙它，就是孟子讲养气“勿忘勿助”。不要忘记，不要帮忙，这就是随了嘛。并不是跟着气跑，只是看着它，听其自然。外面的一切你还都知道，并不是不知道哦！如果有点昏沉，也知道自己昏沉；旁边在乱想，也知道乱想，可是呢，这个呼吸跟念头还是合一的。这样的经验有没有啊？诸位，有吗？（答：一下子而已。）对了对了，这是老实话，你这样讲老实话，我就好讲下去了！有人问你偷过没有？你说格老子偷过，有什么了不起啊！错了再改嘛！

这样随息，有时候浅，有时候深，这时不要管身体了，也千万不要注意，哎呀，我这个气专一到丹田了、到眉心了，到这里了。错！千万不要管，叫你随息，就随时看着它自由自在，可是没有一步离开这个呼吸，都看到，清楚的。你的身体坐在那里，静静的，你看着看着，这个身体吸啊呼啊来往，到某一个时候，有个阶段，不需要这个呼吸进出了，呼吸停下来，止息了。不是完全没有哦！这个时候以鼻子为标准，注意鼻子，好像鼻子没有呼吸往来。其实鼻子没有呼吸很容易，你们随时都会，可是你们不认得。这时候的呼吸，偶然很久来一下，轻微有一点点感受，知道有一下。这个差不多要“止息”了，要停止了。换一句话，等于电池在充电，充电充到某一个时候，电充够了，这个是“止息”。

如果以修“安那般那”讲，到止息以后，如果吃饭时间到了，你听到打钟都不想起来，一直坐下去，进一步变化就大了。可惜，到这个时候你心动了。所以我常常问你们，打坐为什么坐得很好，到时间会起来？你起来的时候，是心动还是身体动啊？那个幼儿头子己师！你坐到差不多时，是心想起来，还是身体叫你起来？（己师：心想起来。）还是心的问题了，如果这个时候一直止下去，就不同了。所以大家不晓得修行，到了这一步，是自己的分别心，习惯性地就想起来，这个习惯性是念头的习气，爱动的习气。

这个里头就要晓得小乘的学理，所以小乘《大毗婆沙论》《俱舍论》就告诉你，修小乘法门有八智八忍，这个时候要忍住。“忍”是很重要的，忍不是定。有“八智八忍”，这个教理的名词懂不懂啊？“苦集灭道”，就是坐着也不舒服，蛮苦的。第一步，知道是苦，这个叫“法智忍”。就是佛法上的智慧懂得了，或者看佛经，或听师父讲过，至少听这个南老头讲过的。这个是法智忍，忍住一下，再延续下去。

“法智忍”过了以后叫什么？没有“法”字了，而是“智忍”。修行还是靠智慧的了解。所以有“八智八忍”（苦法忍，苦法智。苦类忍，苦类智。集法忍，集法智。集类忍，集类智。灭法忍，灭法智。灭类忍，灭类智。道法忍，道法智。道类忍，道类智）才跳出苦海。这个不是“定”，“定”跟“忍”有差别哦，第一步还是要忍，由忍到“止”。

现在六妙门讲到止，问题来了，我再回转来讲，就是说“法智忍”，这个时候要智慧观察了。如果任何一个人做到数息、随息、止息这三步，已经了不起了，一般都是拼命在那里数啊数啊，千万不要走冤枉路，现在懂了吗？都懂啦？可是你注意哦，我刚才讲，从数息，到随息，到止息这个境界，这个时候心跟息两个在一起吗？只有两个在一起吗？还有其他的吗？（僧甲：妄念。）呃，还有个妄念，第三个了。只有三个吗？你呼吸来去每一个都知道了，不是也跟这个在一起吗？

还有什么，你讲啊！你多的都拿出来啊！（答：还有习气。）习气你不管，有没有来，那个是你想象的嘛，对不对？当然有习气了。现在问的都是很实在的，你如果到这个程度，你有经验嘛，心念也专一了，知道它来去了，对不对？

不过你说，虽然知道念头跟气配合为一，可是旁边呢？还有妄想嘛，对不对？这个妄想等于说，一个蜡烛点起来，固然有火光，旁边还冒烟嘛，冒烟那个叫妄想，你就不管那个冒烟的妄想，只管这个火光，心跟气两个合一，是不是？是吗？还有别的吗？你说还有个习气，这个是加上的，有没有习气在那里，你不知道。

僧甲：就是那个观照的，跟火光一样……

南师：啊，刚才讲过了嘛，那个就是妄想嘛！你听懂了没有？

僧甲：知道妄想的那个没有妄想。

南师：这句话对了！还有个东西。我们呼吸进来出去，现在因为用数息的法门，到达随息、止息，虽然心跟息两个专一，那个妄想来，我也不管，知道妄想，还有个最大的东西在旁边，那个是知道的那个知性。

我们打起坐来用功，到达这个境界，息也止了，也知道妄念同我们不相干，不理它了；念头也不理，呼吸也宁静了；这个时候全体境界在哪里？在“知”这个知性，这一知，不在外，不在内，不在中间。

你懂了没有？这个知性是本来自性的知性，本来自性是第一步功能，见闻觉知，这个知性不在外，不在内，不在中间，这个不是妄想，它知道妄想，知道这个气息，也知道这个妄念，这个如如不动在这里，这是自性。这样懂不懂？都明白了吗？那恭喜！明白了。

所以我讲天台宗智者大师的六妙门，他交代不清楚，误了后世多少修行人。我对于圣人的要求，与对凡人一样的严格。现在不管六妙门，回转来看佛经，所以小乘的佛经，佛教弟子修安那般那，你们看过没有，他怎么说？

你声音大一点，起来行不行？（僧甲：我声音很小，气不足。）噢，那没办法，你不是气不足，是前生造的业，前生女孩子没有做够，你知道吗？（僧甲：业障很重。）对啊！你还跟我来，还再来做和尚，不错。当年我在山上就知道了，现在不谈了。

刚才我讲到止。所以你看四阿含经，尤其看《增一阿含经》，佛告诉迦叶尊者、阿难，以及他的儿子罗睺罗，修安那般那，“息长知长，息短知短，息冷知冷，息暖知暖”。重点在这一“知”，不在那个数息。这下懂了没有？壬师懂了吧？

僧壬：那能知所知？

南师：你也不要管它能知所知嘛！反正我那个时候知道这个知嘛！又加上那些干嘛！把所有的佛学都送到当铺去，当掉！不要管了。就是这一“知”在这里，对不对？把握这一“知”，你就清爽了。

但是，今天凭你们过去修的一点点经验来讨论，随便你们哪一位讲，你们知道“息长”，知道气到哪里最深长，讲啊？（答：呼吸来往向下走到小腹。）那是你幻想出来吧？还是真的？（答：感觉是这样。）是感觉，不对。真的“息长”，就是庄子说的一句话，“众人之息以喉”，是真的哦！普通人到肺部为止；“真人之息以踵”，到脚底心。就是自己晓得那个境界，气进来，不是到丹田、肚子，是由小腹这里，一直通过两腿到达脚底心，这才是知道“息长”。那么，你说这个是进来那个“息”吗？不一定，就是有这个功能，看到了。所以，你们屁股上的环跳穴到两条大腿，到脚底心，气都没有到，如果你说是息长，那不就是妄想境界吗？

“息短知短”，到达这个境界，是“止”的境界，这个息，有时候长，每一个呼吸来，都是从脚底心出发到上面的。“息短知短”这个时候的“短”，不是说这股气长会变短，不是的。有时候这个气一直到脚底心，有时候呼气，自己晓得那个呼吸很短，一下就不需要再呼了。或者在这个境界上，有时候觉得吸气很短，进来好像一下就过了，不需要了，这里面气都自己在流通了，在来往，没有身体感觉，这就是“息长知长，息短知短”。

什么是“息冷知冷”呢？有时候，你身体里有外感的，有地水火风四大不调，虽然呼吸这个境界很好，可是你觉得一身发冷，不过，一点都不要怕。有些凡夫修到这里，你讲给他听，他也不相信，自觉有病了，赶快披衣服啊，赶快去看病啊，那就让他去吧！其实这个时候就是“八智八忍”这个“忍”字，“盯”住，“忍”住。知道息冷，哎哟，全身发冷。有时候到这个境界，不但全身发冷，全身都僵硬了，手想动一下都动不了。不要怕，一点都不要怕，“息长知长，息冷知冷”，一念忍住，这个时候妄念完全没有了，被这个冷的感觉拉走了，你就定在这个冷的感觉上。换一句话，十念法门里头注意什么，你（僧丁）说！“念死”。反正要死，就这样死了吧！这一忍就过了。过了以后，“息冷知冷，息暖知暖”，一下子全身整个暖起来，所以密宗讲拙火发动，但也不要执着。

换一句话说，身体内部有病，佛教你修“安那般那”，治病的方法只有一个字“止”，止息治万病。就是一念的止息，呼吸停止了，就看住那个痛苦的部位。反正要修行的人，一个观念首先告诉你，十念法最后一个“念死”，这一下就死，喔！原来这样痛苦啊！啊，原来是这样就死啦！嘿哟，死就死吧！格老子，看你痛死到什么程度！所以八智八忍不是佛学的一个名词，是工夫啊！法智忍，忍住就过去了。譬如我们练武功，有时候练这个手，假使千万斤压力下来，一定断的，我准备断！你忘了它，反而没事。心念跟气配合了，这一下，念头一动，千万斤东西都挑了。

所以能修到止息，身体内部的变化就很大了，非常非常大，将来你们去体会。尤其这个时候，如果你饮食多了，据丁师前天报告，你们听到的，除非他说假话，他说打起坐来，看到五脏，对不对？后面那个丙师他做白骨观，觉得白骨发光，对不对？他们说的都不是假话。这种境界，如果到止息，随时都现成的，你们能这样来见我，那我就恭喜你了。我会说，你快了你快了，你们将来上去要带我一把啊！

这个时候，全身上的气血流通，一切都知道了。如果胃中有多的饮食没有消化，觉得这一坨非常讨厌，还要等它自然消化完了，把它排走再说。所以，真讲少林武功，达摩武功，到这个阶段一出手，哗！就那么轻轻一动，千万斤力量，不是“嘿，嘎”，那要什么花样！它是自然的，任何一动都有排山之力，这样听懂了吧！好！到这里，这个里头变化很多了，慢慢再补充告诉你们。

刚才讲六妙门的“止”，还没有讲到“观”呢！修“安那般那”到这个阶段，刚才乙师所讲的，旁边还有个妄念，这个妄念跟着你的气息，自然就会止了。跟着你这个气息下去，降伏了妄念，等于这个蜡烛亮光起来，冒的烟没有了。到这个境界，就要有个环境专修下去了。你们年轻修下去很快，算不定七天半个月，就证到一个果位。没有别的果嘛，你们中原苹果很多，拿个苹果也当果吧！对不对？（众笑）

我问你，什么是“观”？现在我讲了半天，这样形容把经验告诉你，听懂了没有？听懂了这个就叫做观，已经看到了嘛！观就是看到，对不对？这下明白了没有？所以，“即止即观，即观即止”，还另外有个什么观啊！

可是修密宗的不同，密宗修到这一步境界，之所以变成密宗，因为它在这个里头起“观想”了；在呼吸每次进来出去时，有意识地加上七彩光明观想在修，这个叫密宗修法。就是丙师讲的，白骨放光，第六意识故意加一个观想。看到这些观想方法，我就笑了，这些对不对？也对，不要轻易批评它不对，这些我都修过的，都会，在我看来“诸法皆如”，都对。何以对啊？讲教理给你们听，是观想的理论，“诸法无常，皆因假立，立假即真”。谎话说多了，说万遍也变成真话了，立假即真。你真修到止，这个时候，你用观想的方法观成七彩光明在身中，或者你有病的时候，修到止的时候，如果观虚空中的太阳光，或头顶上一个月轮、日轮，这个光照到你里面的五脏六腑，什么都照空了，一样可以治病哦！比癌症病人进医院那个化疗的功能还要强。

我有个学生，四十年前在台湾基隆，他就听了我的话，用这个方法。他碰到冷天衣服不够，人在外面，没有办法回家拿，他就观想自己坐在六月天的大太阳下面晒，一开始冷得牙齿打哆嗦，后来给他一观成功了，嗨，一身大汗，穿一个短袖就过来了。我说："你怎么那么有本事啊？""老师，你教我观的，我这个时候在日轮观中啊！"这是给你们讲"观"字的要妙。

这是讲六妙门，是天台宗智者大师从《达摩禅经》、《修行道地经》抽出来的，他没有讲到要点！这个观懂了没有？就那么轻松，那么现成，不要另外有观。你说："哎，已经知道了！"这"知即是观，观即是知"，懂了吧？

到这个时候，杂念妄想没有了，心念呼吸寂止了，内外变化一切清楚，回到本来清净的地方，心境是非常干净的。"还、净"，这是从修气息来讲的，可是智者大师把"观"同"还、净"讲到大乘的空、有，讲到"心"方面去了，这就是我为什么批评智者大师的原因。但是回转来，我也很恭维他，他老人家太慈悲了，他修到"观"的时候，拼命向大乘里引，他为什么不照我这样引法呢？因为你光修"止"，容易发五神通，就妨碍了明心见性菩提大道，所以他老人家很慈悲，修到"止"这一方面，他就不多谈，不像我这样给你们讲，他就引到般若中观去了，他是这个道理。这样懂了吧？这个秘密懂了吧？所以诸佛菩萨，他有他的慈悲心，有他的秘密用法，也不能怪，我一方面批评他，一方面恭敬他，这样懂了吧？你如果修安那般那，修到“止观”这一步，已经很恭喜你了。

如果修行到这一步，要注意饮食调整。饮食欲望的痛苦，这个习气之难除，比男女关系还要难，所以孔子也说“饮食男女，人之大欲存焉”。其实，“男女”固然严重，还不及“饮食”的严重，因为男女大家还有个道德范围，有点害怕，就是现在那个电脑上黄色网站，有贼胆有贼心，没有贼（指功能）还做不了。可是饮食很方便啊，看到茶看到水，随便拿来喝一口，又不犯法，有时候这么一口水就妨碍了你，有时候不加这口水就不行。所以修行是非常细密非常精密，要一步一步地来。先休息一下再说。

第三堂

内容提要：

十六特胜

如何修呼吸

最快捷的法门

修行修禅定，想即生证果，先要转变“心法、色法”。刚才我大概讲了所谓小乘修“有”的方法，先把色法、色身转变。色法何以要转变？《楞严经》最后，佛有几句重要的话：“生因识有，灭从色除。理则顿悟，乘悟并销。事非顿除，因次第尽。”“生因识有”，是说我们的生命，是由第八阿赖耶识先来投胎的；“灭从色除”，想了生死，先把色法四大了了。“理则顿悟”，禅宗讲顿悟，道理可以顿悟，工夫是一步一步有次序的，“乘悟并销”，你悟到了，就空了。“事非顿除”，可是生命业报，不是你悟到了空就空得了，还是要修的；“因次第尽”，就是悟后起修，一步一步工夫修来的。我们大家都是佛弟子，千万记住他老人家的话，不要狂妄。记住哦！背来没有？（众念：生因识有，灭从色除。理则顿悟，乘悟并销。事非顿除，因次第尽。）

对了，修行千万把握，记住！刚才我们讲“六妙门”，你们真下决心，修安那般那，这是一条最快成就的捷径。但是，很难的，你忍不住的。你看我们这里出家的老前辈也好，嫩前辈也好，真的，很多人有聪明有智慧，为什么出家修道，永远不上路？就因为他忍不住。

所以我在书上经常讲，我有十二个字的咒语：“看得破，忍不过；想得到，做不来。”不管是出家在家，人生都犯了我这十二个字的戒律。道理上看得破，但是忍不过。这一忍好难哪！想得到，理论上懂，做不来。不管佛学道理讲得怎么好，都没有用，所以重点在修行。刚才大概讲了六妙门，以后有机缘，我们再详细讨论。

真正修安那般那，重点你们千万注意，“十六特胜”都要背得来，十六个专案叫特胜，特别特别最容易成功的路线。（一）“知息入”，（二）“知息出”，（三）“知息长短”，（四）“知息遍身”。这个你们都没有达到，想都不能想，真的到了“知息遍身”，你那个武功不练就到了；除非不出手，一出手都是高手。（五）“除诸身行”。身体空了，身上五阴的行阴空灵了，这个里头秘密很多，到了除诸身行的时候，如果你练武功，可以练到踏雪无痕，走路不在地面，而在地上飘了。（六）“受喜”，得初禅，初禅是离生喜乐。（七）“受乐”，身上内部每个细胞发出快乐的感受，那是无比的舒服，不能形容的。所以得到初禅是“心一境性，离生喜乐”，有和世间脱离之感，无比的喜乐。

（八）“受诸心行”，转回来，又感觉不同了，这个很深了；心里一起心动念，这个身体四大已经整个变了。再下来，这个时候，（九）“心作喜”，由初禅真到了二禅“定生喜乐”。（十）“心作摄”，一切杂念妄想没有了，要用就有，不用完全空；摄是统统把握了。（十一）“心作解脱”，修行到这里，才不冤枉出家，得解脱道了。解脱就是证道，不证到初果、二果、三果、四果罗汉，也至少证到初果罗汉的“预流向”。到了心作解脱，是修安那般那来的，这是一部分，完全和色法地水火风四大之身有关。

下面完全是心法了。（十二）“观无常”，工夫修到有神通，飞得起来，又有什么了不起呢！观无常，诸法皆非究竟，可是你没有做到不要随便吹。（十三）“观出散”，所以做到了，转观这个心的法门，你可以像密宗那些有成就的活佛一样，将来要走的时候，一弹指之间，整个身体三昧真火起来化成光明，什么都没有留，化一片光走了。所以，我们平常做功夫，你要注意这个，大家都在身体上做工夫，都忘记了“观出散”，要把所有工夫、身体都丢开，放出去，连放的都要丢掉。

（十四）“观离欲”，这个时候，才做到真正的“离欲尊”；这个离欲，《金刚经》上佛叫须菩提离欲阿罗汉，真的离欲了。然后，证灭尽定。（十五）“观灭尽”，要走就走，我们也可以做到邓隐峰祖师一样吧！

在这个时候到“灭尽定”，所谓涅槃境界，还不算数。（十六）“观弃舍”，还要丢掉放开，转到大乘去了。修习这十六特胜要注意，不要被六妙门困住，六妙门是初步，不算什么，重点在十六特胜。这样都听懂了吧？都抄了没有？记得哦，能记得我才给你讲，记不得不讲。现在就要背来，全体背来，才给你讲；全体不背来，不给你讲。古道师带领，大声地背（众背十六特胜）。再来一次（众再背）。

刚才讲了六妙门，真修安那般那，我想乙师啊，你们师徒回到武夷，好好修，也许明年来看我就不同了，也许不需要买飞机票，一步就跨过来。嘿嘿！

所以修安那般那，刚才我们讨论过的重点，就是这一“知”，你们都知道嘛！这个知性不在气息，也不在地水火风，也不在空，无所在无所不在。所以，禅宗祖师一句话："知之一字，众妙之门。"这一"知"哪里来？来无所从来，去无所从去。《金刚经》上佛也告诉你，"无所从来，亦无所去，是名如来"。这个"知"不要你去找的，本来存在。我们大家平常在用它吧！当然在用，这个不要再追问你们了，再问太看不起人了，你们当然知道。我们茶来知道喝茶，饭来知道吃饭，累了知道累，睡觉知道睡觉，舒服不舒服都知道。这一"知"本来在这里，不要你去修的，如果我们变牛变马变狗，也知道变牛变马变狗了。只不过，不知道自性来源在哪里。

如果问题这一"知"从何处来，谈大乘般若时再讲，现在不谈了。现在你们做工夫，先不要问这一"知"从哪里来，要先认识"知性"。你们都在修行，打坐闭关，但是为什么都没有进步？理上不清，理都没有搞清楚；一方面没有真下工夫，忍不住。所以古人讲修道，"欲求生富贵，须下死工夫"，要忍得住。我们看到多少青年学佛修道人，都是一点都忍不住的，刚坐一下，外境有一点挑逗，他马上动了，跟到外缘跑了，自己还认为有理由。所以，看到无可奈何啊！等于看到一只小猫一样，它要去死，让它去吧。所以大乘的六度：布施、持戒、忍辱，这个"忍"字难啊！"忍辱"之后再谈精进、禅定、般若。（宏忍师把白板上写的十六特胜擦掉，改写六度）

哎，这个你写什么！这个他们都知道的，这个多写了。布施、持戒、忍辱、精进、禅定、般若，他们不知道吗？再写是多事，多浪费。他们不知道就活该，我们那个白板也写得很辛苦。你看，你把十六特胜都擦掉了。（宏忍师说：他们都会背。）都会背了？有那么快？（答：都记了。）对啊，纸上有，你脑子心里没有，你要进到心里。

第一句是什么？（众答：知息入。）对。譬如由六妙门开始，你们坐在这里一边听，一边知道自己呼吸进出，能够做到吗？老实讲，做不到，绝对做不到。假定有一位坐在这里，一边听话，一边还写字，自己的呼吸在鼻子和全身，进进出出完全知道，这个人差不多可以谈修行了，这叫“知息入”。

我这样一讲，你们自己测验一下嘛！一边听一边做事，心念跟呼吸配合，在鼻孔这里开始。等于说眼观鼻，鼻观心；这个观不是眼睛去看的观，是心来观。如果是这样修行，很快有进步的。

“知息入，知息出”，你们现在听到呼吸没有？听到没有？听不见，你们哪里听得见！只靠一点感觉嘛！就是说，随时要跟这个感觉的出入息配合为一，这样才叫做修行，修止观。如果打起坐来，再勉强找个呼吸来配合，那算个什么修行，算老几啊！就像我现在跟你讲话，我知道自己呼吸的“进、出”，你要学我一样，脚还在跳手还在动，知息入，知息出，知道气息进进出出，没有一点不知道。但不能用力，勿助勿忘，也不能不注意。

然后第三步知息长短就难了。知道自己的息往来长短，第一步，是在鼻孔里知道哦！你如果功夫进一步，自己浑身的每个毛孔、细胞，都在呼吸，你自然都会知道。所以，你看过武侠小说，武功高的人，有时候被人用石灰蒙上头，蒙了以后，结果死不了，他的肛门在下面呼吸。这不是做不到的，浑身十万八千个毛孔都在呼吸。研究《达摩禅经》就知道，这一段知息长短，讲得很细了。有时候长中之长，有时候短中之短，有时候短中之长，有时候长中之短，为什么祖师们把他们的经验，告诉我们那么清楚？虽然他交代清楚，也要你自己用过功才知道，不用功的话，也觉得交代不清楚。

我可以告诉你，有时候是“长中之长”，觉得出息也长，入息也长，在某一种时候感觉到出息很长，出去了，同空的境界配合，没有回来。回来以后，觉得气回来一下很短，已经够了，所以是“长中之短”。有时候是“短中之长”，身体内部，觉得呼吸需要吸进来，自然的作用，吸一下，它继续在吸，一直到脚底心，一直到脚趾头都充满了，这是短中之长。还有“短中之短，长中之长”，每一样都不同，这是跟你讲理论，你要去体会把工夫做到，不是开玩笑的，不是吹牛的。

知息长短，我只讲了几个，这个里头包括很多内容，详细你们去看《达摩禅经》。这是吩咐你们注意，要自己用功去体会，不是讲空洞的理论，千万不要妄语骗人，骗人要下地狱的，那是千生万劫地狱果报啊！

然后“知息遍身”，你到知息长短以后，就“知息遍身”了，全身都在呼吸。你们修持到达这个定境的时候，鼻子的呼吸已经不管了，不再呼吸了，鼻子没有作用，这时才晓得全身每个细胞、每个地方都在呼吸，气都充满，气脉都通了。到这个时候，还没有“除诸身行”。

甚至像丁师和丙师，他们两位前天的报告，就晓得内部五脏六腑，也在呼吸，那个白骨放光，每块白骨都在呼吸。所谓呼吸是生灭法，有来有往，无所从来，亦无所去，自然在动。

知息遍身，气充满遍身了，乃至晓得全身都在呼吸，非常非常重要。并不是发胀，也不是说，像有些练武功、气功的那样发胖。想要发胖的话，那你还不如到街上的脚踏车店，拿个充气筒套在这里，哗啦嗒几下，马上发胀，发胖了！

到了知息遍身，这个时候已经不谈什么数息、随息了。也不要数，也不要随，随时息跟念两个配合为一的，随时知性清楚的，这样才叫做修行。不管修密宗，或什么法门，不到这个禅定，不要谈修行了。

再进一步是什么？（答：除诸身行。）“除诸身行”，这个时候身上行阴作用不动，充满了，身体跟虚空等于合一，这个身体内外是通的。譬如你们练少林武功，童子功，到这时候，两个睾丸缩上去，自然地缩到肚子里。这个时候缩也好，不缩也好，谈都不要谈。

第六是“受喜”，到这个时候，心里感觉，非常地高兴，至少你知道佛法是不骗人的，是真的。第七“受乐”，全身喜乐，喜乐是禅定境界，所以初禅叫“心一境性，离生喜乐”。慢慢有一点跟现实脱离关系，人世间一切的事，不会烦恼到你，可以入世不烦恼。不过，为什么不翻成“喜受、乐受”，而翻成受喜、受乐呢？“受喜、受乐”是自己发动了，到达这个境界，就接受了。

第八“受诸心行”，刚刚说了“除诸身行”，没有身体的行阴感受了，这里又“受诸心行”，那不是矛盾吗？不矛盾的，这是进一步了。受诸心行，这个肉体的心，看到外形还是父母所生的肉体，实际上，身体内部整个四大气质变化，已经不是普通肉体了，这个身上行阴的感受，也统统不同了。这时生活习惯达到了“精满不思淫，气满不思食，神满不思睡”，财色名食睡五盖，都会自然去掉，吃不吃都没有关系，有水喝就可以了。“受诸心行”，在这里头，差不多可以证入初禅到二禅去。

然后，“心作喜，心作摄，心作解脱”，解脱但还没有证果哦！还没有证得初果、二果罗汉境界哦。那个要配合教理，就要参考《俱舍论》，“贪嗔痴慢”的习气改变了多少，自己都清清楚楚，都会明白。如果到这一步，习气动都没有动，还是同以前一样，那就不是修行。

一直到这里，还是属于色法上的工夫，在地水火风的色阴和受阴境界里头做工夫。可是你要注意一点，在这个用功过程，今天晚上我们讲得很顺利，听起来很容易，事实上修行有很多的魔（磨）境界，就要参考《楞严经》的五阴解脱。算不定你修行很好，在这个时候忽然有神通了，什么都知道了，忽然有特别本事了；实际上你已在五阴魔境界了，这一点要特别注意。譬如昨天李居士告诉我，有个出家人有很多神通，我说又是落在想阴境界里了，叫她答复他。

修行特别注意，在这个五阴境界，归纳起来有五十种阴魔，受阴有受阴的境界，有时候会被境界拉走，自己也不知道，还以为是发了神通。所以千万不要作圣解，修行第一要注意，时时把握《金刚经》上几句话："凡所有相，皆是虚妄，若见诸相非相，即见如来。"有神通又怎么样？一概不理。就怕不得道，不悟道，不怕没有神通！容易得很啊。等于我告诉出家同学们，就怕你不成佛，不怕没有众生度啊！千万记住。

所以到心作解脱以后，转了，后面完全是唯心的"知性"道理，就是想阴和行阴解脱了，心意识解脱了，然后就"观无常"，你工夫能做到就了不起了。是不是无常啊？你不修行，不做工夫，工夫就垮掉了；所以说诸行无常嘛！

"观出散"，这个是秘密了，修安那般那，如果常修观出散的话，修到某个阶段，你走的时候，不要说预知时至，甚至打个坐写个偈子，说声再见，自己就化成光没有了。

这个以后，"观离欲"，才算是真正跳出了欲界，才证得小乘的"有余依涅槃"，证得"灭尽定"，还不是证得"无馀依涅槃"。所谓灭尽是灭什么呢？思想知觉、感觉，统统空完了，这叫灭尽定。"想受皆灭"，有意地把它关闭起来，这个时候生死可以请假。"啊呀，这个世界不好玩，我准备过个一千年以后再来，入定去吧！"这是可以做到的。

你看译《达摩禅经》的佛陀跋陀罗禅师，他有位徒弟，就是庐山慧远法师的弟弟——慧持法师，曾跟他修禅定，最后他到峨眉山去朝山，山上下来，到了乐山嘉定休息一下，在一个树洞里，一坐坐了七百年。到了宋朝，树倒了被大家请出定来，问他是谁，他说是庐山慧远法师的弟弟。哎！那是晋朝人，我们现在是宋朝，已经过了七百年。他就可以这样，一定定了七百年，他就是修安般法门的。这是历史上有名的故事，后来宋徽宗给他做了三首诗，前一阵我经常跟他们讲，很好啊！很有意思的。

（一）

七百年前老古锥　定中消息许谁知
争如只履西归去　生死徒劳木作皮

（二）

藏山于泽亦藏身　天下无藏道可亲
寄语庄周休拟议　树中不是负趋人

（三）

有情身不是无情　彼此人人定里身
会得菩提本无树　何须辛苦问卢能

所以，这样叫做修定真得了定境，但他那个不是灭尽定，不知他当时在树里头，究竟入的什么定？到哪一步境界？真值得研究。修行是真做工夫，依身心来用功。像禅宗这种口头禅，“什么是佛？干屎橛。”这与身心修证，统统不相干。

十六特胜，最后就是“观弃舍”，连有余依涅槃都不进入。所以《楞伽经》诸大菩萨赞佛，“无有涅槃佛，无有佛涅槃”，佛不入涅槃，也没有涅槃可入，自性现在就在涅槃中。这是大乘另外境界了。

换句话说，“观弃舍”修到这一步，由小乘转到大乘，真正是大菩萨的境界了。

第四堂

内容提要：

念头空　空念头

三际托空

乡村大手印

第三踢的方法

大家要我休息，又不肯让我休息。正在休息，我们孙教授又来整我一下，问我问题，我晓得他问得好，我刚才跟他说，空了再告诉你，他笑笑就走了；可是他走了我又感谢他，好在他提醒我注意，我正要吩咐你们。

你们昨天听了那个采日月精华，看太阳月亮，听了不要去乱学啊！尤其跑到高山上，你不晓得怎么用眼睛看，搞坏了不要怪我哦！我可没有讲哦，那个要学过才行的。采日月精华，会那么简单可以乱看的吗！

要采日月的精华，眼睛瞪大如如不动，定在那里，可以五六个钟头眨都不眨，把宇宙万有的光收回来。所以我昨天一看，己师打拳，那个眼神瞪得很大，神收不了，神凝不拢来。这都要练过的哦，不是乱搞。先告诉你这一步，将来如何看，再说。孙教授听到这些喜欢得很，他什么都要，唯恐不多啊。

这一些都过去了，把这些都放下，我们没有时间，只有今天晚上，明天一下就过了啊。

你们修行两个路线——渐修和顿悟，而渐修可以顿悟的。禅宗直指人心，见性成佛，我问你们，用的什么方法？佛告诉你没有方法，对不对？达摩祖师叫你们以“楞伽印心”。《楞伽经》说以无门为法门，没有方法的；没有方法就是方法。这部经你们看了没有？

我这些是专对你们三山（嵩山、武夷、峨眉）下来的大师们讲的。你们注意啊！现在大家不要用笔记啰，都给我放下，用你的心眼，用你的耳朵。你们诸位现在打坐修行，就拿小的法门来讲，你们是不是说念头空不了？辛老和尚，是不是啊？呃，好可爱的老和尚。说念头空不了，你们念头要怎么空啊？说啊，各说各的。

古道师：念念相续。

南师：念念相续，对了。这个念头是念念相续，空不了的，对不对？古道师那个话你们诸位同意吗？（答：同意。）我们校长夫人讲，念念相续，无有穷尽，念头断不了是吧？

教授：念佛、念咒子要念念相续，无有穷尽。

南师：那是另一个法门，念咒子是这样。我现在问的不是这个啊！

僧丁：空不自空。

南师：空不自空，谁说的？

僧丁：念头本来就是空的。

南师：我问你谁说的？经典上说的吗？

僧丁：我也体会到这个。

南师：你也体会到经典上说的，“空不自空”？唏！

僧丁：念头本身就是空的嘛！

南师：念头怎么空？现在是讲实际工夫，你下座站起来。

僧丁：因为刚开始用功的时候，念头老着在这个“色”上面，觉得这个念头是实在的，反观以后，觉得念头本身是空的，只是一个——“动”。

南师：你现在没有反观吧？

僧丁：没有。

南师：你的念头在哪里？不要你去反观啊，现在就没有啊！要你反观个啥啊！它空你的！本来无一物，何处惹尘埃啊！你去空它个啥啊！《金刚经》明明告诉你，“过去心不可得，现在心不可得，未来心不可得”，你现在讲完了就没有了，讲完了就空掉了，还得个什么？还有个什么空不了在那里吗？再来，再来也是空的啊，是不是这样？

僧丁：对。

南师：不要去找第二个，嘿嘿，学弥勒哈哈一笑，笑也空，你不是讲“色空不二”吗？是不是？

僧丁：对。

南师：不要对不对，我问你现在在哪儿？（停了一下）你怎么不告诉我“空”？哪里有个空的相？会念《心经》“舍利子，是诸法空相”，本来空。也没有说不要动，也没有说动；动也空，不动也空。有个咒子给你念，一句话，“管他妈的！”明白啦？（僧丁默然）呵呵，恭喜！

你们都念过《金刚经》，也知道“应无所住而生其心”，六祖因此悟的。这一句经典不究竟，你们知道吗？鸠摩罗什法师翻译的，“应无所住而生其心”，他翻译得老实。这句话是这么来的，《金刚经》开始，我们演电影啊，须菩提来问佛，善男子，善女人，发心求证菩提，“云何应住？云何降伏其心？”他问要进入般若菩提境界，做什么工夫，安住在什么境界？怎么降伏这些妄想心？佛说“应如是住，如是降伏其心”。应如是，就是这样已经安住了；就是这样已经降伏了。佛的答复，看起来等于没有答复一样。

当你问的时候，那个念头早空了。后来佛讲一句方便，“应无所住而生其心”，每一个念头都不停留的，自然不停留。行云流水，前念已灭，后念不生，当体即空。不要你去用心，你去用心求空，已经被一个妄念遮住了，自性本来空。换一句话，我说“应无所住而生其心”，这个“应”字是方法论；如果以本体论来讲，“本无所住而生其心”，此心本来无所住，尽管起用，用也空。

因此，后来佛再三讲到，所谓过去心不可得，现在心不可得，未来心不可得，已经讲完了嘛！你也会念，晓得过去心不可得，现在心不可得，未来心不可得。偏要求个得，偏要求个住。它过去现在未来，哪里妨碍你了？自性本空嘛。

所以，牛头融禅师一个偈子，告诉你用功最亲切的，记得吗？“恰恰用心时”，就是刚刚用心时，你念头一动的时候；“恰恰无心用”，用过了已经没有了；“无心恰恰用”，它本来空的，所以起用；“常用恰恰无”，没有一个停留的。

过去未来现在心不可得。哎，不可记录啊！这个时候记个什么啊！你还有所记录，有所住啊！赶快放，不要你放，当下就是。有没有体会到？好像丁师有。我不问丁师了，现在一棒已经把他赶出去了。这是赏棒罚棒，他心里知道，不管了。你们诸位做到了吗？就那么简单，“本来无一物，何处惹尘埃”，辛师做到了没有？（答：没有。）老实话。

辛师啊，来，你看着我，你再讲一声“没有”，那个有没有？有没有？再讲“没有”，你一路没有下去，你看那个有没有？有没有？不要低头。有没有？禅宗祖师一句话，“一箭过西天”。又跑掉了，又跑掉了一个，不对。所以禅门心法，后来五祖和六祖提倡用《金刚经》印心，就那么简单。

这个办孤儿院的己师有没有？听到这个理论，自己心境是怎么样？啊，没有，过去了。

禅门心法，用不着你“外息诸缘，内心无喘”，你一切都不管，不管也不管。有一个不管的，有个空，已经不是了。它本空的。所谓空，不是你去造一个境界的空，自性本来空，念念不停留。

你们念过《普贤行愿品》没有？读过没有？有两句话：“犹如莲花不着水，亦如日月不住空”，你看太阳月亮一天在空中转来转去，它没有停留过，本来空，非常活泼的。念念犹如日月不住空，住在那里干什么！所以大乘的三解脱门“空、无相、无愿”。

谁懂了这个了？到了这个境界的，谁敢承认？你承认吗？我想你承认了。你不承认我帮你承认。

好！这是第一步。第一义，其实已经不是第一义，过去了。再来，第二义。告诉你们走捷径啊，年轻的注意啊，不要在那里再这样玩啰！是为你自己不是为我，老头子陪你玩了几天不容易的。

注意啊！第二义，你当下就走“三际托空”的法门，三际托空，就是《金刚经》上讲，过去心不可得，现在心不可得，未来心不可得。就是这三际，过去、现在、未来。

诸位，你们跟着我做一下，现在你就学我吧！学傻瓜吧！你注意啊！诸位来，提起精神叫一声，呸！（众：呸！）

不是“屁”，不是放屁的屁。是呸！呸！（众学：呸！）你这一念过后，还有没有？

然后，你感觉到有，是后念，后念不怕，它马上跑掉了，所谓过去不可得，就是现在不可得，过去的已经过去，“呸”一下，已经过去了。未来念头还没有起来，就不要管了。一来念头就是现在，现在不可得嘛，呸！没有啦！是不是这样？你随时注意，起心动念，念念在三际不可得，这样用功下去，这就是话头！什么是话头？《金刚经》告诉你，过去心不可得，现在心不可得，未来心不可得。

辛师啊！你怎么又拿纸跟笔去记啊！那是纸那是笔，不是你啊。你拿自己来体会啊。辛师啊，再叫一声“呸”！你看有没有？你还是有。哎，你“呸”到后面就是屁了。

你们以为我传给你们的是什么？我告诉你，这是密宗“大手印”，无上大密法，最高的方法。当年我求这个法门，磕的头花的钱，太痛苦了，最后师父上座，拍案一声走了，我们大家等着，“不是传大法吗？师父怎么走了？是我们不诚恳。你代表我们去求师父来吧！”我们忏悔，把师父请来，师父又坐在上面，“叫我来干嘛？就这样传完了，不懂吗？不懂，只好传你第二等的。呸！”又走了。

贡噶师父很厉害哦，他个子比我还高一倍，我走路，他手按到我的头，我变成他手棍了。那么宽的身体，他一天到晚双盘坐在上面。晚上我们经常有个单独的对话，也讲笑话，有个喇嘛翻译的。他哓得我学禅宗过来，我一进门，他已经知道，一叫师父，他就笑了。

我说：“师父啊！您今天这个无上密法，我五岁就知道了。”

他说：“你怎么知道？”

我说：“我是乡下出生的，我走夜路怕鬼。”尤其当年乡下夜路，会经常遇到“鬼打墙”，你们听到过没有？走路走走，忽然四面都黑了，一下就懵住了，没有方向了，这叫鬼打墙，被隔住了。用什么法门破它呢？有个种田的朋友告诉我说，不要怕，长袍一拉，对到黑的地方屙泡尿，呸，呸，呸……就冲过去了。贡噶师父听了哈哈大笑，说你们汉人啊，很有意思。后来我们就说别的笑话了。

刚才我教给你们“呸”，这是无上大法，属于密宗的“椎击三要”。再教你们修持，很简单啊！这是第二义，刚才“呸”一声，你也没有懂。懂了的话，定啊慧啊，就是一直这样下去，就如如不动下去了。起座也是一样，都在这个境界上，这样你一定成就。

谁相信啊？谁信得过啊？你们诸位里头哪个信得过了？我看没有真信。然后不信，我是“贵州驴子三脚头”，踢了两脚头了，已经给你们两套了，你们再没有办法，我只好踢第三个脚头。那你们就喜欢了，那可是差等的脚头，我的口音听懂吗？贵州驴子踢三踢就完了。第三踢来了啊！坐好，大家坐好，不要闭眼。将来你要练采宇宙精华，也可以从这里体会。不要闭眼哦，看着啊，你们看我吧！

把我当成假佛吧，像电影上的佛，看我这地方。看着啊，看我眉间啊，我的眉间跟你们不同，还比你们亮一点，你看你们年纪轻轻，一脸的晦气色，真糟糕！看这里啊！眼睛看着，然后眼睛不要眨，不要用力哦，然后把看的注意力拿掉，不看，眼睛还是张着的。注意哦，眼睛张着看我这里，把看的注意力拿掉，然后，一片白茫茫，是不是啊？慢慢把眼皮闭下来，上下眼皮慢慢地关起来。两个眼睛还是看着我，可是眼皮关起来看不见了，只看到前面的亮光，一阵白茫茫的，是不是？（众答：是。）

然后，忘记了一切，跟这片亮光定在一起。“心（没有心）注于眼；眼注于空”，跟空合一，空即是我，我即是空，用两个眼珠子像插头一样，插上来以后，眼睛都忘掉了，一片光明。《阿弥陀经》跟你讲，青色青光，黄色黄光，赤色赤光，白色白光，我加上黑色黑光；光色有变，色空变动，我一切不变，对不对？这一下对了吧？哎，如如不动，色就是空，不求空。最后忘记了眼睛，丢开眼睛，身心内外，一片光明。（止静片刻）

好，诸位，慢慢张开眼睛，再来，看到我这里，然后闭起来；张开眼睛，看到我这里，然后闭起来。再一次张开眼睛看我这里，然后闭起来，前面白茫茫一片定住（又止静）。《楞严经》上佛告诉你，“开眼见明”，张开眼睛看到明，“闭眼见暗”，眼睛闭起来看到的，迷迷糊糊的这叫做暗。明、暗有变动，那个能见明见暗的在这里如如不动，自性本空。

我现在讲一句话，放参，大家休息。如果你体会到，在那个境界上不想动，不愿意下座，就不下来。没有体会到你尽管自由，休息一下。

这个事情不能讲客气的啊，是你们自己的事，不要说对我不好意思，下座就下座。辛师，你下座就下座，坐着玩玩就玩玩，你要记录就记录吧！

第五堂

内容提要：

如何数息

人的出生

呼吸和念头

长养气　报身气　根本气

刚才，我给你们演了三出戏，你们在这个戏法上懂不懂，是你们的事，我不管了，讲不讲是我的事。

刚才的都过去了，过去心不可得，跟你讲未来心了，真正走到小乘修定来了，让你们知道如何修定。你们都学过六妙门，都晓得六妙门第一数息，第二随息，第三止息。这个息字是我加上的，其实都有个“息”字啊。第四是观，第五是还，第六是净。

这六个字，智者大师从《修行道地经》、《达摩禅经》抽出来的，智者大师开创了天台止观，叫做小止观六妙门，是不是啊？你们都不讲话，好难办哦！我的办公室本来是“南办”嘛。结果大家打起坐来，在那里观呼吸，数来数去，对不对啊？你看现在不论日本中国的禅宗，有些禅师，到处传的都是数息，坐在那里打坐，听这个呼吸，进来出去，一二三，这样数下去，我就哈哈大笑。

怎么数的知道吗？有一个方法是，一来一往数一，数二三四五六七八九十，再重头从一数到十。或者十一、十二一直下去，这个方法是最差的。

好的一种方法是倒转来数，一，二，三，四，五，六，七，八，九，十；十，九，八，七，六，五，四，三，二，一，这样来来回回数，你们大部分用的是哪个数法？我先问问看。（答：来回数。）一般是来回数。对了，就是这样老实的对话，你不要讲道理，问答是问你这一句话，这是白的黑的？白的就答白的，结果你又讲起道理来，就不对了。刚才古道师说，一般是随这个息数，那是第二步了。我现在问大家，你们答问题就要脑子清楚啊！

大家都在那里数息，还要问问大家，不要不好意思答复我，现在是讨论啊。譬如呼吸一进一出，你是在出去的时候数一，再出去的时候数二，还是进来的时候数一，再进来的时候数二；你们用的是哪个方法啊？你们注意了没有？

僧甲：根据身体情况。

南师：啊，变动的！不可以变动，认清楚也可以变动；但你是根据身体随便弄啊！先讲数息这个法门，我们为什么看鼻子的呼吸，数来数去，原理在哪里，知道吗？

僧甲：摄心，专注一缘，制心一处嘛！

南师：制心一处，处在什么上面？制在息的上面嘛！你答话答得对，方法你也讲得对，是摄心用的。先要了解一个问题，你们学这个的注意，我们整个的身体那么多方法，采用呼吸的法门，呼吸属于心法，还是色法啊？

僧甲：这个属于色法，风大嘛！

南师：我们这个身体色法，地水火风四大，为什么一定走风大这个法门？了不了解？不了解；只晓得一般修安那般那出入息就是这样。

什么叫安那？出息。什么叫般那？入息（按：有经典解释不同）。反正一呼一吸，梵文叫安那般那，中文叫出息入息。可是翻成中文，有一点你们要注意哦！所以修禅宗的，就要参究，为什么不翻成“出气入气”，一定翻成“出息入息”？注意这个息字。再退回来讲，这个息字中国字是怎么写的？是“自心”，叫做息。自心就是息，不叫做“气”了，这个要了解。

再进一步，为什么修这个法门？你们大概没有好好研究《修行道地经》、《达摩禅经》吧！一定没有，只是拿到这个六妙门。所以我对天台宗的朋友很不客气说，我说你们害死人啊！智者大师用这个方法，他自己得了好处，后世讲不清楚，乱搞了一千多年，和尚们及在家人学佛的，就在那里吸啊呼啊，天天在那里数息，我说你是学会计吗？老是记一二三四……数字记了几千年，一坐数千息，有什么用啊！

《修行道地经》告诉你，这是了生死的方法，同时也是转变色身，可以祛病延年，最后了生脱死。安般法门就有这样重要。所以《修行道地经》，要你修这个法门时，先了解人是怎么入胎的。《佛为阿难所说入胎经》告诉我们人是怎么入胎的，从这里先切断讲起；而三十七菩提道品、十二因缘，和这些都有密切关系。

丁师尽管听，听了以后当下即空。你一路下去啊。

十二因缘，无明缘行，这一念无明一动，行就是动，动了以后就入胎了，无明缘行，行缘识，识缘名色。入胎变成胎儿，就是我们现在这个生命了，在胎儿阶段叫名色。这一步先提一下，这个道理不讲了，先讲后面的。

我们这个生命，在娘胎里头九个多月，七天一个变化，注意，非常科学的。佛在几千年前告诉我们，一个男人的精虫和女性的卵子配合时，自己的灵魂一转进去，就变成了胎儿。在娘胎里一股息，一股气，一股风力，每七天一个变化，每七天一转，使你生骨头，使你生肉，使你生眼睛，讲得清清楚楚。《佛为阿难所说入胎经》虽然没有现在医学讲的生命科学那么详细，可是你要知道，他老人家在两千多年以前，又没有显微镜又没有其他仪器，他却完全清清楚楚，讲得比现在科学还要清楚，为什么？

胎儿在娘胎里头七天一个转变，没有呼吸的噢！怎么成长呢？靠肚子脐带这里和母亲连着，用来呼吸，以及吸收营养，生命因此长大的，是不是这样？应该都知道吧！

所以我常常吩咐大家注意，什么叫佛法？佛法是科学，这些都不是我讲的哦！佛在几千年前都吩咐你们了，可是你们是佛的弟子，统统不看、不留意、不研究，怎么对得起本师释迦牟尼佛啊！

胎儿在娘胎里，是这样抱着的打坐姿态，我们看一个怀孕的母亲，如果她肚子尖尖的，就知道会是男孩子。因为男性在娘胎里头，背脊骨尖尖的，背向外面，面向里头。生女孩呢，这个妈妈肚子圆圆的，胎儿脸向外面，背向妈妈的背脊骨的。这个是自然的道理，很奇怪，这就是问题了，这就要参啰！所以你看，水里头淹死的人，男尸浮起来是趴着的，而女尸是仰着的。这是阴阳完全不同。为什么不同？现在不讲，跟你们讲太多了，你们也装不了，这都是大科学。

这个胎儿这样坐着，他怎么到生的时候会调过头来呢？又是一股气的作用，七天一个气的变化；实际上不只是七天，是七个钟头，七分钟，都在变化。我们现在也是一样，只是自己不知道罢了。所以胎儿到了九个多月，三十八个七天以后，业报该生的时候，“哗”，那个气转过来，这个胎儿头转向下面了，然后朦朦然，就像刚才我叫你们眼睛闭着，好像有光，好像没有光，隐隐约约就从这个路道出来了。现在的科学家幻想，叫做什么“时光隧道”。

等到胎儿一出生的时候，要请接生婆接生。以前我们生的时候没有医生，也没有护士，我们那边乡下老辈子叫洗生婆。

你们注意喔！我们的生日，佛告诉我们叫“母难日”，就是母亲受苦受难，生死关头的一天。生不好母亲就死掉了，那是很痛苦很痛苦的啊！所以说，人一定要尊重父母，因为生你的时候，母亲是拿生死来换你这条命的。胎儿在胎里头要挤出来，这个生命也很难受的。所以菩萨、罗汉入胎再来度众生，工夫定力不够的话，一入胎就迷了。能够住十个月到生出来，那个阶段完全不迷，跟现在坐在那里打坐一样，清清爽爽，那就是大定力了。这就是靠你现在，把念念清净的这个定力，永远维持住，才能入胎不迷，住胎不迷，出胎不迷。这样勉强可以叫做“再来人”，是菩萨应化、罗汉应化来的。所以叫“如来应供”；不一定是受众生供养，也是来供养众生的。

你们在家人生孩子，特别注意啊！胎儿从娘胎一出来以后，这个洗生婆拿起剪刀把脐带喀哒一剪断，赶快把它扎好，扎好了向内收下来，就是我们现在的肚脐。这个时候洗生婆对婴儿有个动作最重要，这时婴儿还没有声音，还没有呼吸的喔！他的呼吸本来就在肚脐这里跟母亲相连的。在这个时候，脐带一剪断扎好，第二个动作，那个接生婆的手，就插进这个婴儿嘴里，把那一坨最脏最黑的东西，像泥巴一样黑得发亮的东西，统统要挖出来丢掉。如果婴儿一开口哇，那一坨咽下去就不好了，那个叫胎毒。

九个多月在胎里头，没有牙齿，也不吃东西，有时候嘴巴完全闭着，同打坐一样。但是肚脐里头吸收下的营养，妈妈吃的，譬如辣的酸的，牛肉、青菜、萝卜等等东西，有些剩余的营养，集中到上面，冲到嘴里来了。刚开始还没有大便，肛门还没有开哎，有一点点水分排泄；东西大概都在嘴这里，所以就要把他挖出来，嘴一挖开，婴儿呼吸了，没有呼吸就没有生命哦。生命在呼吸的风大，婴儿开口“哇”！“啊”！这一叫是什么？安那，先开口。这一哇一叫，鼻子里头自然的空气，吸进来了（般那）。

然后婴儿鼻子开始呼吸了，这个生命是这样过来的，呼吸如果不进来，这个婴儿就死了。所以我们现在鼻子能够呼吸，这是后天的呼吸，后天生命的气。我给古道他们讲《达摩禅经》，这叫“长养气”。这还不是真的气，不是道家说的“先天一炁”。那个婴儿在娘胎里头，七天一个转变，成长成人，那个是“报身气”，也叫做报身的业气，有善业恶业，所以每个人身体不同。至于入胎的时候，这个精虫跟卵子一搅变成胎儿，那个功能是“根本气”。所以我笑这些唯识学家，九个缘有个“根本依”，根本依是什么东西啊？唯识学家认为根本依是习气。其实根本依是真的一个功能，就是入胎的那个根本气，同现在的呼吸气三种不同。

三种不同，听到没有？所以婴儿一出生，开口哇，他鼻子、嘴里先安那出气。所以“阿”是开始，然后般那鼻子气进来了，拿现在讲，这个吸进来的空气，是现在科学讲的氧气。

大家都晓得生命，氧气吸进来到身体，就变成碳气瓦斯呼出，碳气是有毒的。所以我们吸气进来以后，一定又想呼出去了。后天的生命活着，主要靠鼻子吸啊呼啊，吸啊呼啊，呼吸来往，这叫安那般那，要先懂这个原理。

那么后天的生命，胎儿剪断脐带，扎了以后，就靠鼻子呼吸的气。所以修安那般那的行者，将来告诉你，真的得法了，修得好，最后打起坐来入定，根本鼻子没有呼吸了，身体内部的一套，自然有呼吸往来，回到胎儿的状况，这才能够得定，才能够念头专一清净。这就是实际的工夫，不然你坐在那里，吸！呼！数一万年都没有用。

刚才我解释这个原理，还没有讲到六妙门的数字，先讲息的来源是这样，使你们先了解，再谈方法了。照这个情况，就剩明天一天，我们讨论就结束了，这次不会讲得很圆满的，每一段你们都要注意，再听清楚。休息一下。累不累啊？你们问我累不累嘛！好像只有我问你们，还真客气。

第六堂

内容提要：

暖寿识

气和念

把心念拉回来

气结成了块

先认识这个呼吸关系，呼吸是属于四大里头的风大。那么生命活着，只是这个风大就行吗？不行！从入娘胎起，一个精虫一个卵子，百分之七十都是水大构成的。所以我们身体同地球一样，整个的地球，七分是水是海洋，三分是陆地。人现在活着，每个都是胖胖的，一个一个的都是一大坨，我是瘦巴巴的。你看一天要多少水进来！水大不够还不行啊。《圆觉经》、《楞严经》，各个经典告诉你，四大性离，地水火风，各有各的范围。所以阴阳五行生克，水多了克火，火克金，金克木，木克土，土克水，都是互相生克。四大性离，各有各的范围，它们不是结合在一起的。所以我们人活着，今天我在讲话，你在打坐听话，你以为是个完整的吗？这里头分门别类太大了。

这个生命，只靠呼吸靠这个水吗？不是，还有火大。所以研究唯识要懂“暖寿识”三位一体。暖是有温度，温度是火大来的，死了就冷了，温度没有了。所以有暖，有温度，有气，就有寿命，才能起心意识的作用。

地大，就是我们这个骨架子、肌肉这些。你们练拳，“内练一口气，外练筋骨皮”，那些筋骨皮是水大跟地大两个结合的。打了拳一身汗，那是火大逼出来水大，这是生命科学，都要搞清楚啊！

回转来再讲风大，变成我们呼吸。婴儿也好，我们也好，一生了病呼吸就粗就大，就要喘气，那是风大喘的现象。所以我昨天告诉己师，练武功打拳，不要太闭气，那是下乘法门。你要懂得气，真正的武功，练到一口气不闭，"哗"一拳出去，那是真气，那是不得了的功力。你慢慢去体会，你这孩子工夫还差得远啊！你这样一动一闭气，已经不是了，将来再慢慢告诉你，我这个老头子的花样很多的啊！

这个呼吸是这样的，不详细跟你们讲，真要详细讲，地水火风四大变化统统都要讲。我们身体活在这里，是属于五阴，地水火风空是色阴。这个身体，由婴儿起，每个细胞里头都有空的，我们身体上九个窍，头上七个，加上下面大小便两个；其他十万八千个毛孔都在呼吸，都和空气，地水火风接触流通的。所以你练武功也好，做工夫也好，不能只憋住这一口气，其他都不管。其实，只要这么一过来，手这么一动，已经是出去了；到了这一步，武功差不多了，慢慢来吧！

这个生命，地水火风空是色法，有色就有受，有感觉，所以"色、受"归到一组去。你们晓得佛学，受阴包括几个范围？甲师喜欢研究佛学，讲啊！（僧甲答：苦受、乐受、不苦不乐受。）普通讲"三受"，还加心理的忧和喜两个，叫做五受。

可是你的想阴（思想）同呼吸，地水火风，是不相干，又是绝对相干；因为心动气就动，气动心就动。思想是心意识作用。所以我常说，当年和我的老师袁先生两人从山上下来，到了四川内江，正在街上走；这是讲禅宗做法了。我那个老师回过来就一把抓住我的手说："哎，我问你一个问题，念先动还是气先动啊?"我们在走路，还在说笑话，突然，他就这么一问，我说："念先动。"哈哈，他大笑，把手一放说："你对了。"我说："先生啊!"我们当年不叫老师叫先生，"你怎么突然问我这个问题?"

他说："我还有个老师，你没有见过，还是你们老乡，浙江人。我学佛跟他开始的，他修持很多年，现在是我供养他，就住在我对门。"

我说："哎哟，怪不得，先生啊，我到你家里，前面进进出出有个老先生，两夫妻，是你的老师啊？他们两个人，好像都不大像我们一样讲话。"

他说："他正在修持，他主张先修气，我说先修念，我们这两天就谈这个问题，两个人意见出入很大！所以我路上就问你。我明天带你去见太老师，你们两个谈谈。"

念动还是气动？你如果警觉就知道，自己的念头一动，气就跟着动。念和气是两回事。所以你打坐做工夫，刚才我们讨论，走大乘禅宗直接的路线，心念本空，念念自性空，不是你去空他，他空你的。

但是念跟气，两个是分不开的，像黏住的双管。所以当人死亡的时候，第六分别意识一昏迷，慢慢气就跟着断了。你们听过我讲的生死问题没有？人是怎么样死的？一步一步的变化，都很科学，都要搞清楚。现在简单告诉你们，详细的以后有机会再说。

当人一昏迷，临死的时候，下面冷到哪个地方，气就停到那个地方，这个识就散到那个地方。最后一口气出来，气就没有了，第六意识完全散了。所以现在一口气在，你的心念跟气是离不开的。可是念跟气两个分途，你看，像辛师在那里注意看书，或者你在注意打拳，这个时候气跟心两个专一，当你很专一的时候，那个呼吸一定是停掉的，是不是啊？唉！你们也不去体会。当你专心想问题，想个东西要写，或看个东西，一刹那，呼吸停住了。或者我们在说话，突然一个陌生人进门，“呃，呃，你是谁啊？”那一下呼吸是停住的。“哎啊，是你呀！”放心了，呼吸来了。念跟息是这样，永远不会合，所以道家叫“降龙伏虎”。这个心念像一条龙一样，龙是什么意思？变化无常，变动不居是龙。虎是气，猛虎一下山，这个气一来就伤人了。所以道家说降龙伏虎，先把念头降伏，就是《金刚经》的如何降伏其心；如何降伏其虎，就是修气。

这个念跟气两个不合一，所以刚才把气分几层告诉你们。上座修安般法门时，才发现思想乱飞，跟气是不合一的。平常我们活着，谁管自己的呼吸啊！自己活着几十年，有没有管呼吸？不打坐的时候，你们说有没有？都不知道！什么时候知道？躺在床上睡不着的时候，才听到鼻子有呼吸来往，对不对？平常都没有管，你看这个心跟它是分开的。

如果一个真有修养的人，就是这样讲话，乃至打拳，晓得心气本来合一的，不要硬闭着气，出拳时还要“嗯，哎”！哎个什么啊！本来合一的嘛！

你们注意，这个心气本来合一，可是又两个分开；因此修行的方法，先走风大，安那般那路线，叫你把心拉回来。

等于拿气做一条绳子，你这个心念像个猴子，外面乱跑，拿这条绳子把这只猴子拴过来，归在一起。

打起坐来，先注意自己呼吸，然后又告诉你，呼吸粗的、大的叫“风”；我们的呼吸只到肺部为止的，叫“喘”；比肺部再深一点，叫“气”，到丹田到肚脐那里，那个还只叫“气”；再进一步，好像停留了，不呼不吸了，那个才叫“息”。

拿这个做绳子，做钓鱼一样的钓饵，把自己的心钓回来，所以叫你数息，自己注意呼吸，进来出去，出去进来，从一数到十，这个念跟着气数到十，中间自己晓得，没有一个杂念妄想岔进来，才算数息成功。如果进来出去数一，进来出去数二，数到“五”的时候，一下想到别的，不算！重新再来，从第一再来，这叫数息。

如果我知道呼吸进来出去，顺着数到十，再倒回来，九八七六五四三二一，来回都数，呼吸都知道，念头没有别的散乱，其实别的也知道，可是有个主要的念头跟呼吸没有离开，这样数息就对了。

可是这里头有个问题，我刚才为什么问你，在呼出去的时候记数，还是吸进来的时候记数呢？这有个作用，是秘密了。告诉你们出家的同学，要想容易得定成道，要注意出气，不要注意入气。

练武功、练气功的人，犯了一个错误，拼命注意入气。过去气功流行，常常有些练气功的人问我：“老师啊，气留丹田，怎么留住啊？”我说：“你问我啊，我还正想问你呢！你看过汽车轮胎打气没有？你把轮胎打个气进去，你叫那个打进去的气，停留在轮胎的某一部分不要动，行吗?”

气进来一定充满全身，硬要把它憋住在丹田，丹田是什么?大肠。你把气跟那个大便憋一起干什么?气一进来就充满全身嘛!出去也是全体跟宇宙合一的，你闭个什么气啊?越闭就结块，会变成癌症的。叫气停留在里头，气可以停留的吗?停留就变碳气，就不行了。

所以你看练武功的，有时候跟人家真打的、拼命的时候，“嗨”的一声!那个时候忘形忘身，无我的，空了，老子要你的命哎!要你死哎!那一声打出来是爆破的，是空的。那个真空，发出的力量大得不得了，不可以抗拒的，这个原理懂了吧!

讲这个气，回到数息时候；所以，佛吩咐我们，祖师们吩咐我们，要想容易得定，证得涅槃，注意呼气，不是注意入气。而且不要认为呼吸进来保持在哪里，才能健康体能好，那完全错误。

呼吸进来哪里停留得住!如果真停留住，就结块了。所以《维摩诘经》上有一句话，“结习未尽”，你从这句话就可以悟进去，是结习难除，打结的。当你觉得身体哪里难过，哪一部分走不通，或者腿痛、胸口闷，实际上，气已经结在那里形成病了，你空不掉。如果你把气放空了，念也就跟着空了。念和气的关系，就有这样重要。

哦哦哦!你叫我休息啊，我老是看不见，好，休息休息。也讲了好几个钟头，哎哟，好像把一身吃奶的力气都卖出来给你们!呵呵，吃饭去吧!吃饭比什么都重要。

第七堂

内容提要：

十念的修持

疯师爷

人生的最终

息和风的不同

饮食的困扰

我们下午讲由安那般那出入息，或者不净观与白骨观，开始正修禅定。《大藏经》庙子上都有，你们把小乘大乘都查完了，就可以看到，当时释迦牟尼佛在世时，跟着他的弟子们，证大阿罗汉果的很快、很多，主要修的就是这两个法门。

佛在《阿含经》告诉我们，修行的方法，总的归纳起来，有十念法。“念佛，念法，念僧，念戒、念施、念天……”，这些都有方法的，我没有讲，你们自己去看。接着下来是“念安那般那，念休息”，大休大息。怎么叫休息？《楞严经》上说，狂心顿歇，歇即菩提，一切狂心放下了就证道了。放下又放下，大休大息。

念休息后是“念身”，就是从不净观、白骨观等等入手，最后了知四大皆空，把此身空掉。那不是理论，是实证的工夫。你说概念已经懂了，有啥用！那是心理上自己骗自己，事实上空不掉，冷起来硬要加衣服，热起来要脱掉！所以念身是要把四大空掉。

十念最后一个重要的是“念死”。我常常告诉大家，真修行是倒转来的，第一是念死。一上座，不管你修什么法门，两腿一盘，“我”已经没有了，死掉了；至于父母所生的几十斤肉体，只摆在这里什么都不管。随时觉得此身死掉了，不要了。能够念死才能念佛。你们都听过吧，这一代提倡净土宗的印光法师，他的关房没有佛像，墙壁上大大一个“死”字，就是念死。要发这个恳切心，随时随地觉得是死。

所以打坐还要选房间，闭关还要选环境，要什么环境！要死的时候，你还来得及选环境吗？你说这里不好，换一个地方死，你有这个本事吗？真有这个本事的话，不错啰！那就是像禅宗那个祖师邓隐峰一样了。

邓隐峰祖师要走的时候，问大家，“诸方”，就是大家各方面，他们大家怎么走的？说吧！有回答说他们就是预知时至，宣布那一天走，你们来呀，我要走了。然后洗个澡，自己上座盘个腿，写一个偈子，留几句话，就坐着走了。邓问，这样啊，有没有站立走的啊？说有。又问有没有睡着走的？答说，当然有了，佛就是睡着走的。又问，有没有倒转来走的？答以没有。邓隐峰说，那我倒转来走。

然后他就像你们少林武功，两个手支着，头顶在地上，两只脚跷上面，就走了。你们练武功拿顶（倒立）时，长袍不下垂才怪，他穿着长袍，连长袍都没有垂下来，仍贴到身体上，就这么走了。

他妹妹是尼姑，也悟了道的。妹妹来一看，就过来在他身上一拍，骂他：“唉！我这个老兄啊，从小就调皮，到这个时候还要花样！迷惑人。”邓隐峰已经倒转来走了，听妹妹一骂，又立起来说，这样不规矩啊！再站起来走吧。这才叫了生脱死。大家想一想，他怎么能这样来去自由啊？

刚才为什么讲到这个？好像吃饱了饭没有事一样，因为讲到念死，所以修行随时要念死。一般人打坐修行，还要选个风水，择个地方，尤其现在人乱讲话，什么磁场，什么啥子的场！当年我在四川遂宁，有两个有神通的和尚，师父叫“颠师爷”，我没有见到；徒弟叫“疯师爷”的，我见到了。一个疯的，一个颠的，都神经病一样的。

崇拜，“疯师爷”的皈依弟子很多啊！红包很多，看都不看，嫌啰嗦！他住在哪里啊？坐在厕所。大陆的厕所，不是我们这个卫生间哎，下面那个大便小便，臭虫都在上面，爬来爬去，他就在那里打坐。我们见他的时候，在厕所里给他跪下顶礼的，那就是他的清净道场。

还有人专门修这一派的，后来我在峨眉山，他有个徒弟跑来，也要搞这一套，被我训了一顿。要内行训他才行，不然他是不听的。他每天要跳到那个厕所洗澡，洗完了澡，再到凉水池来冲干净。那时候我在峨眉山大坪寺闭关，没有自来水，一年到头就靠这个天落水，雪水融化了的一个水池，你跑到那里洗澡，寺里那么多人怎么活啊？庙子上收拾不了他，急得没有办法。当家师父跑来找我，我说，这样吧，你叫他来。他来了，我说，你干什么修这一套？他说，修道啊。我说，道一定要跳厕所里洗澡吗？什么理由，马上提出来。他说，庄子说的，“道在屎溺”。没有错，庄子是有这个话，屎是大便；溺，小便；道在大小便里头，所以他天天到厕所里洗澡。

我说：“你跟我小心，我们这个庙子上一两百的僧众，就靠这个水池吃饭，你道在屎溺，我们屎溺在道哎！你师父是不是疯师父？”他说：“哟，你知道吗？”我说：“我跟他太熟了，他那一套，在我这里行不通的，不然的话，今天夜里就赶你下山去！”讲了半天，总算把他说服了。然后我说：“你不要修这一套。”他说：“不行的。”

他不但会这一套，在庙子上还不吃饭。他自己有丹药，叫人元丹，嘿，像四川那个香肠一样，一片一片切好的，吃两片过过瘾，就饱了。这个道家叫“辟谷休粮”。碰到我，江湖跑多了，问他，你吃这个？哪里学的？他不讲，认为是密传。我说你的师父我都知道，川北某人，对不对？他说对，你怎么晓得？你也跟他学啊？我说，那是我的朋友。

辟谷休粮，这一派修法，吃的什么？你以为那一片片是香肠啊？是大便。大便怎么吃呢？自己要三七二十一天都不吃东西，把肠胃清得干干净净，然后专吃糯米饭，不准放糖，不准放盐，也没有菜，饿了就吃糯米饭，开始拉出来是稀的，最后大便出来很完整的一条，然后太阳里晒干，再把这个切成一片一片，饿了再吃自己这个就好了。万一肠胃里头不干净了，溏便不能打包成条，那就要师父给你一点“丹母”吃。什么是丹母？就是师父练的那个大便，给你一片吃下去，你大便就捆成条状了。

天下修行是旁门八百，左道三千啊！这些你们都要懂得，释迦牟尼都知道。我对这个人说，你是搞这一套的，你下山去，统统改过来，不要乱搞。

我们怎么讲起这个来？越讲越多啊！哈！不说这些了！再说“念死”。这种百千法门那么多，都是为了了生死。你说他这些是旁门左道，我在《禅海蠡测》上写，你们不要随便骂旁门左道，旁门也是门，左道也是道；不过真是可怜，走了迂回的路。殿堂只有一个，各条路都可以进来，走旁门的是在外面转啊转，转了千生万劫才转到殿堂来，多可怜啊！

所以走如来心法，单刀直入，一下即生成就。禅宗讲即生成就，密宗号称跟禅宗不同，说是“即身成就”，连带这个肉体也转化成功了。

再重提下午讲的，不管你即生成就，还是即身成就，你们修行，先知道十念法，而修行第一步是先“念死”。

现在我们讲的是修安那般那出入息和白骨观法门。为什么释迦佛老是在大小乘经典中讲，修四禅八定而证果位的人，一定要走这两个法门？你看显教里头再没有其他的，密宗自认为密法了不起，你不要上当，所有密宗的修法，最高的还是这两个东西变的。

我告诉你们秘密，你们一眼就看透了。你看密宗那些修法，随便红教、花教、白教，画的佛像，下面第一个是脚踏尸体，就是白骨观，不净观的意思。

花样人人会变，讲出来一毛不值。等于少林寺的拳头一样，“拳打南山猛虎，脚踢北海蛟龙”，就是骗人的！四川戏演得真好啊！我看了就懂了。一个山大王出来，后面的锣鼓“咚咚咚”，那个威风凛凛。山大王唱了：“小子的力量大如天”，那个拳头，威风哦，小子的力量多大啊？“纸糊的灯笼打得穿”，以前那种纸糊的灯笼打得穿。第三句更妙了，“开箱的豆腐打得烂”，你看这个武功多高啊，刚做好开箱的豆腐一拳就打烂了。“打不烂的，除非是豆腐干”，呵呵，你看武功多高啊（众笑）。所以说，把武功都挖苦完了，这是哲学，把道理都讲透了。

我看了四川戏，真有学问，还有隆隆咚咚，第二个出来了，嘿呀，骂得真透彻，骂得多好，你听听，做山大王，闹事头子，做英雄做皇帝的，全部都骂了。

然后，锣鼓一停，把门一拉开来，那个山大王真威风啊，真是英雄！唱道：“独坐深山闷悠悠”，做山大王，坐在少林寺山里头，一定无聊嘛！很烦闷，干什么？“两眼盯着猫儿头”，四川人，卖饭的那个饭啊，盛一满碗顶上堆个尖，那个叫猫儿头。“若要孤家的愁眉展”，他做领导的，一天很烦闷的啊，不晓得大和尚如何，我问问他看。“除非是豆花拌酱油！”这四句话，把人生统统说透了。

这个大师、大方丈，那个大老板，这个大教授、大校长，那个大官、大皇帝，都是如此，为了吃饭啊！

这些笑话讲完了。生命无常，随时会死，修行第一要念死，用功之所以不上路，是因为自己不怕死，我是生来就怕死，所以一辈子不敢离开这个。现在人家说：“老师啊，你还健康得很，比我们还健康。”我说：“小心，我九十岁的人了，活一天算两天半哎，今天跟你俩还吹牛讲话，明天也许看不见了。”生命在顷刻间没有了，要注意！

我平常给你们讲，这个生命怎么生怎么死的经过，可惜你们没听到，刚才上午提到一点，你们要去研究《佛为阿难所说入胎经》，那是讲生的；讲死的还没有一部完整的经，我要把它统统编出来。

看你们练武功也好，练气功也好，年龄到这个时候，气都很短了。人的死亡从下部上来，从脚上来；古人说，“精从足底生”，气也从足底生。所以你们晓得，两个脚底心的穴道，叫做“涌泉穴”，生命来源都从下面起。

看你们打坐，二三十岁已经背厚厚的驼起来了，生命已经去了一半了，气上不来咧！年轻的时候已经挺胸凸肚，气象万千，上下气已经接不起来了，这已经不行了，所以我拼命纠正你们，背不要驼起来。

那么这次没有时间，就简单讲讲怎么死，详细讲要一个多钟头。有关临死过程现状，想要知道，就得学唯识了。经典上没有详细讲哦，只告诉你唯识修行经验。唯识学讲，心意识这个精神思想能起作用，是哪三个要点啊？暖、寿、识，温度，寿命，气。当临死的时候，身体冷却，气断到哪里，温度就停在哪里，寿命就断到哪里。最后到了一个地方，“啊”，这口气一断，第六意识完全昏迷了，第六意识先散了，冷汗出来，水大出来了，前后阴都开，最后一次大便，最后一次男人的出精；女性也是这样。水大分散了，地大也僵硬，不知道身体了，可是还有温度，寿命还没有完。

气断了以后，还没有完全死哦！将来你们出家的朋友死了，要晓得这些变化，他好像睡着走了。你试试看，全身都冷了，胸口还温的，表示这里还没有死完，这是神识最后走开的地方。换句话说，阿赖耶识还没有完全走光，胸口这里还温的，这是人中再来，将会再来投胎为人。

如果全身都冷了，脸上这里还红红带笑容，像癸师一样，笑起来脸红红的，那或者是阿修罗、天人中再来。如果全身冷却了，头顶温的，一定是证果，或者是往生西方，生天。这是上三道。

下三道你就摸不出来了。如果全身冷却了，肚脐这里最后冷的，是饿鬼道；如果全身冷却了，膝盖头这里最后冷的，畜生道；全身冷却了，脚底心最后冷，地狱道。下三道是没有时间给你摸了，一下就下去了，这都是科学的，也都是现在可以证明的。

所以说这股气的重要，你们先要认识，也是为什么要修安那般那的道理。

因为要给你们讲的东西太多，现在时间来不及，只好片段片段零碎地给你们兜拢来，你们全部研究就会知道了。

佛学经常讲三界（欲界、色界、无色界）有“三灾八难”，大三灾是什么？火水风。这个宇宙毁坏时，火灾先来，譬如现在全世界科学家，担心我们这个地球，北极的温度高，冰雪化了，化了以后将来水灾一起来，这个世界毁掉，这个地球翻了个身了。这个时候火劫烧到初禅，换一句话，你得到初禅定，或者你得到初果以上的罗汉，到这个定力的境界，碰到火灾，你还是逃不出去。所谓“跳出三界外”，你跳不了。所以初禅已经跳出了欲界了，但是火灾你还跳不出去。

水灾，证得二禅境界还跳不出去。所以叫你们要把《三界天人表》研究清楚。水、火两个力量够大了，但最大的力量，也大不过风，大风灾一来，像喜马拉雅山、须弥山都没有了，统统吹完，那风力的大，我们没有碰到过。其实我们身上都有，随时都有。所以我们感冒，发烧、流鼻涕、咳嗽，有病的时候，水火风三灾，已经在里头动了。当然，身体内部有个瘤啊、癌啊，也会那么痛苦，就是水火风都在那里转；“水火风”整个是“地”嘛！换言之，“地”中包含了水火风。

但是这三灾，最厉害是风灾，到了色界四禅天，才跳出了这个风灾。这并不是说，禅定修好了一定会变天人；现在修禅定，修到某一个程度，配合转化自己的烦恼习气，也就相等于欲界、色界、无色界天人各种程度。这要对照《三界天人表》，自己才能测验。

所以风大是如此的重要。风大，在身上就叫做气。刚才开始讲数息这一部分，讲到什么是息。这一个是抽出来讲，也同智者大师写六妙门一样，把《修行道地经》和《达摩禅经》六个方法抽出来讲了。

数息数的是什么息？息不是风，是风已经平静了。吹得大叫风，像海上、山上刮的台风呼啊呼的，那个是风。风没有了，等于在嵩山上，你们少林寺旁边，秋天同夏末，微风吹来很舒服，气候很温暖，那个是气，空气的气，还不是息。在春秋的季节，万里晴天无片云时，一点风都没有，非常温和清爽，很安详的时候，那个是息。那是大自然的息，你要认得。

我们一年三百六十五天，难得碰到一天的天气这样的舒服，这是息的境界。你认识了这个大自然的息，风大的作用，你就懂得修行了。不管修密宗念咒子、观想，一切法门，没有到达这一步，要想得定，就是两个字——休想。这两个字还不是普通话，是我们那里土话；“想都不要想”，你不要打这个妄想了。

再回转来，这些又片段片段给你兜。因为跟你们讲的时间来不及，只好这样讲了。我们回到六妙门，并不是讲六妙门对哦，是叫你们不要上当，我现在再慢慢补充，给你们解释清楚。

那么我们修行，这个气是在身体上，刚才下午讲到数息，心跟息配合为一了。你每吸进来、呼出去，叫你们注意数进息，还是出息啊？（答：出息。）对了，想容易得定、证果的数息，是注意出息，不是入息，这个是秘诀。在密宗讲，这个是非常重要的秘密。我这里没有秘密，我都公开讲了，希望你们赶快成就。

这样数息由一数到十，或者由十倒数到一，来回两三次，自己觉得这个数字跟呼吸没有散乱，已经配合为一，你们有这个经验没有？应该有，不要客气地讲，这个不是跟我客气了，有没有？这个壬师一定有。对！你为什么不讲呢？不讲用头来讲嘛，这样点头也好，头会讲话。

都有这个经验吗？虽然没有，有时候瞎猫撞到死老鼠。乙师！你有没有？（答：有。）为什么不讲呢？问到你才讲。好，你偶然撞到有，是吧？不是经常如此吧？对，偶尔相应，老实话，不是经常这样。你们诸位是不是这样？同意他们两位的话了。

就是偶然做到了，心跟息配合在一起，道家的名词叫做“心息相依”。等于两夫妻结合在一起了，同进同出，心念如此，一方面数着一二三四，其他的思想也知道，可是呢，专一的念头是心跟息配合为一，对不对？是不是这样？讲话呀，不然我不讲了，你们不讲我就下去了。（乙师：偶然碰到。）对了，偶然碰到了，如果你常在这个境界里，那就很好了。

这里头有一个问题，你一定要问一下，为什么我偶然碰到？虽然有这个经验，但是为什么做不到常常都是如此呢？你们怎么不问我啊？这个里头很要注意。有时候你上午或者下午刚刚很好，晚上肚子饿吃了一点饭，又变了；或者不因为吃饭，就像古道师、癸师一样，刚刚修得蛮好，哎哟，这个朋友来了，兄弟来，喝杯酒吧，吃个饭，完了！

你只要用功有点上路，魔障一定来的。你以为鬼啊魔啊来抓你吗？是人事方面会给你麻烦的。你想修行，一路上去都没有魔障，那要多大的功德啊！所以要随时忏悔随时修行。他们都有经验，尤其古道老兄，经验很多，结果就变成“蛊道”了。不是古来古去这个古的，是三个“虫”字那个“蛊”了（蠱，“蛊”字繁体），迷糊叫做“蛊”。为什么自己碰到这样？要深深的忏悔功德不够，业报的关系，不让你修行上路；这是讲不可知的方面。

而可知方面，你自己生活不晓得调整，数的时候，万一到了心息相依，完全专一的时候，最好连饮食都不管。尤其注意要少吃东西，一吃东西就阻碍住了，要吃的话最好吃流质，不要怕饿，饿不死。当然你要懂得吃气的方法，道家叫做“服气”，那就有帮助了。人不一定吃饭的，有时候服气就可以了。

所以饮食分四种，你们学佛的知道吗？段食、触食、思食、识食。触食是服气，吃气；思食到识食是自己精神的观想了，精神饱满起来，这不要随便弄哦！是有方法的。现在只是告诉你饮食分几种。

所以我们修行，饮食很重要的，尤其是现在出家人为了守戒律，过午不食，每天中午只吃一餐，嗨唷，我看很多大法师都是唐三藏，糖僧，都得了糖尿病，我都可以点名的。这种糖尿病怎么来的？吃出来的，很多为了过午不食，中午那一顿吃起来，一大缸面，一大缸的饭，因为要饿十几个钟头嘛，把胃吃得很膨胀，横膈膜内脏都压迫了，影响运化，糖尿病是这样来的。

吃素过午不食的“糖僧”特别多，可惜没有三个徒弟，没有孙悟空、猪八戒、沙僧。真正饿是饿不死的。像我常常试验，十几、二十几天完全不吃，一样过了，反而会精神百倍。譬如我现在跟你们讲话，也吃得很少，他们晚上怕我营养不够，弄了生鱼片，我也没有吃。旁边跟我的老同学都晓得，我吃多了，讲不出话来了，头脑昏聩了，要花气血去帮助消化，那我就不干了。

第四天

二〇〇五年十二月十九日

第一堂

内容提要：

说梁武帝

身瑜珈

心瑜珈是什么

早晚课的唱念

达摩洞前的经历

今天是最后一会了，听说你们诸位上午一起研究了一下华严字母，出家人所谓五堂功课唱念，其实六堂七堂也有。像早晚功课，蒙山施食，放焰口等，这些最基本的都要会；这是明清以来，出家人吃饭的本钱。水陆道场、梁皇忏这两门功课，你们少林寺应该要会做。

我常说今天中国佛教能维持，出家人能够盖那么大的庙子，会来那么多钱供养那么多出家人，是靠梁武帝的功劳。每个大庙子一拜梁皇忏，一做水陆法会，那个财源滚滚而来。梁皇忏是梁武帝为他老婆做的忏悔，这个故事大家应该知道，他的太太是世界上最妒嫉、霸道的女人，很厉害。

梁武帝一辈子学佛学得不错，政治方面是一场糊涂。上半生的政治马马虎虎，下半生，自己搞到亡国。讲政治学的批评他，都笑他学佛把国家都学亡了，自己还饿死。这没有错，可是我说你们不能那么看，他很有气派，还真像个出家人。一个国家自己创业，自己手里做皇帝，自己亡掉，最后还饿死台城。台城在哪里啊？在南京。你看，你们老同学梁武帝，你们出家人都不知道，那还搞个什么啊。

但是我说你们不要笑他，他真得了解脱，有没有悟道不管。最后临死哈哈一笑，“天下自我得之”，整个天下我打下来，做了皇帝。“天下自我失之”，由我手里丢掉，有什么了不起。他看帝王，看天下富贵功名，最后那么洒脱，饿死就饿死。

饿死、亡国，他错在哪里？因为不懂政治；学佛学坏了，一味的慈悲。中晚年以后，培养了一个敌人侯景，以为教化了敌人，自己就会成功。所以，佛教有两句话，要特别注意，“慈悲生祸害，方便出下流”，不要随便讲慈悲方便，搞政治不是这一套。你们都知道，慈悲布施是要般若智慧的，不是随便用的哦！己师在带领孤儿，小心！有时候严格的教育，对孩子就是慈悲。所以你看诸佛菩萨现金刚之身，那个青面獠牙，非常的严厉；但是那个严厉是大慈悲。唉！我怎么一来就讲这个，自己讲讲都糊里糊涂，是呼图克图，真糊涂！

刚才讲到五堂唱念的功课，讲到梁武帝。现在年轻的出家人，书也没有读过。我看现在的大学生、博士，等于当年的小学一年级二年级的程度，统统看不上。现在这里的硕士、博士、教授一大堆，我是一概批评的，你们这点学问算什么！什么基础都没有弄好。然后出家，出了家以后，什么知识都懂一点，根本谈不上渊博；真修行、真学问，一点都没有。

你看过去我们这些祖师们，历代的高僧，他们无所不通，样样会；讲旧的文化诗词歌赋、琴棋书画，乃至于喝茶，什么都比别人家高明，所以这些帝王将相，没有不佩服那个高僧的。现在呢，你们会的佛法，他们知识分子也都会。唐朝的时候，还没有《大藏经》，我当年到峨眉山去闭关，就是为了一部《大藏经》，因为别的庙子没有，就是那里有这个方便。而且别的庙子藏经楼也不准随便看经，出家几年要去看经，或请一部经出来看，不准啊！要几十年的功劳，才慢慢让你看经。那个经就摆在那里，给书虫看的。

以前天下大丛林，皇帝送你一部两部《大藏经》，还要盖个藏经楼。现在三万两万就买一套《大藏经》了。所以我当年的条件，是《大藏经》统统搬到我关房来，那就去闭关阅藏了。现在大坪寺庙子都没有了，那些《大正藏》都毁掉了，好在我当年全部把它看完。

现在回转来，听说你们上午大家很谦虚，我讲一声好好研究，你们果然发心研究。唱念非常重要。所以今天天下丛林盖庙子，如果做个水陆道场、梁皇忏，照规矩来诚诚恳恳一拜，哗！那供养就来了。所以，你们不要看不起，这些给死人赶经忏的和尚，那也是一个法门哦！过去在庙子叫什么？叫“应门”。相应的法门，就是瑜珈，所以也要研究啊！

现在，正统的翻译是瑜珈，这是统称，你们读成“瑜伽”。“瑜伽”跟“瑜珈”有没有差别？有差别。修禅修止观的，都叫“瑜珈”，而《瑜伽师地论》，是指修瑜珈法门有成就的人，叫“瑜伽师”。“地论”是其中一步一步的工夫，一步一步的境界。

《瑜伽师地论》是弥勒菩萨讲述，无著菩萨记录，分有十七地，由欲界的下三道（地狱、饿鬼、畜生）以及人道讲起。所以学佛有五乘道，先修人道，先学做人，人道学好了以后，再修天道；天道修好了以后，再修小乘的声闻道；声闻道修好了以后，再修缘觉道；小乘声闻缘觉修好了，最后修菩萨道。这是讲五乘道，不是三乘道。

譬如宗喀巴大师著了《菩提道次第论》，他根据的是印度一位大师，阿底峡尊者著的《菩提道炬论》。《炬论》是根据什么呢？就是弥勒菩萨的《瑜伽师地论》，讲五乘道，分五乘修行的次第。也就是昨天引用《楞严经》的“理则顿悟，乘悟并销；事非顿除，因次第尽”。所以要五乘道的工夫。学佛是先学做人，人做好了，再修天人境界，天人修好了，修小乘，小乘修好了修大乘，最后成佛。

阿底峡尊者根据《瑜伽师地论》写了《菩提道炬论》，宗喀巴大师根据《菩提道炬论》，著了《菩提道次第论》。大家都认为宗喀巴大师了不起。我就笑，其实中国有个禅宗祖师早就有了。我讲了你们会很惊讶，可是你们也不懂。

这些来源我都给你们讲清楚了，你们在佛学院，什么都弄不清楚。这叫做后期的佛学，所谓五乘道是很准确的。修五乘道的，修行做工夫求证的人叫瑜伽师，总称叫瑜珈。瑜珈是什么呢？（甲师：相应。）嗨呀！你这个小姐腔调，发音那么小声，赶快学唱念，把喉咙打开，男子汉大丈夫，猪叫一样嗡嗡响，你那么细声细气。（答：上午学了。）好啊，那就对了。

瑜珈，古代注解叫做“相应”，拿现在跟你讲，就是“交感”。像电灯的插头、电话插头一样，插上电灯就亮了；交感，电话就通了，这就是相应。不相应就是插不上电。就那么简单，这样懂了吧？交感就是感应，天人交感，与佛菩萨交感。你看中国的佛教寺庙，民间土地庙，到处都写着“有求必应”，这四个字就是瑜珈，交感、相应。

佛法给我这么一讲，都很简单，所以不要上他们的当了，有人讲佛学说了半天，很多的道理讲不清楚。今天也正要给你们谈瑜珈，所以我给你们方丈大和尚讲，武功练到最后，就要练瑜珈了。你们少林寺跟我联络，找人高价钱请印度山里头高明的瑜珈师来教，配合少林的武功、禅定，那就是全套了。

瑜珈是跟释迦牟尼佛同时存在的法门，所以我们放焰口叫“瑜伽焰口”，五堂功课念的咒语都是瑜珈。瑜珈分好多种，譬如锻炼身体的太极拳、内功拳，接近瑜珈了。达摩祖师初到少林寺，传的是瑜珈，给你们锻炼身体，不用力气的，可是这是最高的武功，这叫“身瑜珈”。

现在看来，这是全世界的文化潮流，印度的瑜珈很多人都在学，你们少林寺也要会。这是“身瑜珈”，练身体的，同武功一样，它不准硬闭气，是配合呼吸，配合观想练，就非常好，所有病痛都能去掉。如果加一点作用就是最高的武功，这是“身瑜珈”。修密宗的念这个咒子，嗡嘛呢叭咪吽，是“声瑜珈”。

现在印度的瑜珈，身瑜珈与声瑜珈，风靡了外国的学者，少林寺不能不会，不能欠缺啊！赶快找来学，不过不要随便找，你要问李居士，她弄得最清楚，她可以高价钱，请印度山里头专修的瑜伽师，比你们还要出家专修。练瑜珈的人，他们有时候打坐，或一个姿势站着十几天不动，现在还有，要修定力可以试试看。

我在法国巴黎街上，也看见一个法国人表演的，因为法国人学了那些瑜珈的很多。一个法国人，穿上西装礼服，这么一个姿势，随便那么一摆，十几个钟头不动，眼睛也不动。有时候一天到晚不动，也不拉，也不喝哦！他是干什么？要钱。我们知道的人，到了那里给他手里放一个钱，他就换一个姿势给你看。没有给钱，一天到晚摆那个姿势哦！你说你少林功夫马步，两拳一抱，腰一拉，蹲在那里十几个钟头不动，你试试看，这也是瑜珈，可以入定的。所以眼光要放大看世界，修行方法非常之多。

但是这些印度瑜珈的老师，是李居士找来的，对我都很恭敬。那些大师通过她，要送我东西，因为李居士一方面请他们来教，一方面就盖他："嘿！你们身瑜珈不错，声音瑜珈也懂，你们不懂心瑜珈，因为心瑜珈掉了。"他们承认心瑜珈没有了，那么李居士就告诉他，心瑜珈在我们中国。"心瑜珈"就是禅，他们四禅八定也不懂，真的掉了，很可惜！

前天那个庚师讲的"中观、瑜珈"，《瑜伽师地论》是心瑜珈，所以你就知道《瑜伽师地论》的重要。我常常说，佛学院要读全套的"佛学纲要"，这些教授们写的佛学大纲、佛学概要都是乱写，大纲本来都有的。印度两部佛学大纲，一部龙树菩萨的《大智度论》，第二部《瑜伽师地论》。中国三部佛学大纲，一部是智者大师的《摩诃止观》，一部是永明寿禅师的《宗镜录》，外加西藏一部宗喀巴大师的《菩提道次第论》，那些才是佛学大纲呢！像这些你们读了几页？诸位，大概都没有摸过，也许读个几十页吧，也研究不清楚。

这几部我都看完了，而且把它研究完了。还可以讲它这里对，那里不对，哪里漏掉了。所以现在几十年、一百年办的佛学院，我看都不要看。如果少林寺要真的办佛学院，开始先把第一部佛学大纲——《大智度论》弄清楚。

你们果然听我的意见，还研究唱念，了不起！要把唱念发心学好。你看我们这些年轻大师，我不点名了，你真叫他做早晚功课，他们大概像当年我带兵一样，站前面立正以后，念孙中山先生的遗嘱，“余致力国民革命……”下面一大堆他们接着念，我根本就不念了；等他们念得差不多，最后出声就完了。我看你们这些大师，穿起大方丈和尚的衣服，站在中间，“南无……”后面一接上来，你们就根本不唱的，然后到后面“嗡……”好了，这像什么话啊！

唱念，声音一出来，由“嗡阿吽……南无……”一念起来，已经忘我了，只有声音了，然后同你打坐时的一片光明，一个声音，进入瑜珈相应的境界，跟天地合一，跟虚空合一了。那一堂唱念下来，真是“万虑皆空”，所有的念头都没有了。所以，你们要特别注意这个声音瑜珈。

记得还珠楼主（李善基，一九〇二——一九六三，四川长寿县人）写过一本《蜀山剑侠传》。当年看了这部小说，不知有多少人出家，到峨眉学佛学道，我们也受影响。像一道剑光就出去，在空中飞了，那多舒服啊！你要看原著，他不是乱写的，这个家伙是学过佛，学过道家，内行的。现在写武侠小说的都是乱写，很多都是偷他的东西。

这部书写到最后，一个大魔王出来，这些什么峨眉祖师，武功高的神仙，各家各派的高手，谁对他都没有办法。哗，好像这些有道的把他包围到高丽贡山去了。高丽贡山你不要以为是韩国啊，不是的，是云南、缅甸交界的地方，就叫“野人山”，现在还有野人。为什么逼到那里？因为那里有个高僧，武功最高了，他有什么本事？就是会唱念。这个魔王被逼到那里，会唱念的和尚一出来，一唱“南无……”魔王跪下了，“师父！你不要唱了，我已经完了。”你看了以后，就觉得写这个《剑侠传》的人真懂。

讲到大魔王，这里给你讲个故事。世界上出来一个魔王，谁都没有办法，把孙悟空请来都降伏不了，连孙悟空都怕了。最后没有办法，只好到西方求佛祖对付魔王吧。佛祖有个法宝最厉害，你知道是什么东西吗？我们本师释迦牟尼佛一听魔王，笑一笑说：“这个没有什么了不起，好吧，你们都降伏不了，我叫我的徒弟去吧！”找个小沙弥，“你去把那个魔王收了。”小沙弥向佛一拜，“知道了，师父。”背个黄包袱下山了。

这几个高手想：这个魔王神通广大，这个小沙弥背个黄包袱就下来了，不晓得小沙弥有什么武功，神通本事有多大。魔王一见到小沙弥，“你这个小和尚，哪里来呀？”

“呵呵，世尊派我来找你。”

“佛叫你来找我干什么啊？”

“没有事没有事，不要紧张，听说你神通广大，叫我来看看你。”这个魔王一听，“释迦牟尼佛都说我有办法，派你来？”

“我们师父慈悲，晓得你了不起，没有想叫你怎么样，叫我来看你有点事情。”小沙弥把黄包袱拿下来，搞了半天拿出来一本化缘簿，“居士啊，向你化一点钱。”这个魔王一听，啊呀！我走了！什么都不管了。

所以这个化缘簿连魔王看到都怕，多厉害！这个是降魔最好的东西。这个故事很深刻啊！好了，笑话听完了，回转来讲到学唱念，不过，一下搞不好的，要带领全体好好研究。唱念也是软修法门，真修好了，自然可以得定，很重要啊！

今天要把这几天来做个结论，我刚才听到有人告诉我，说你们上午很洒脱很开心，大家高兴。尤其宏达跑来跟我说，丁师这个火气还没有下来，我就叫宏忍师赶快包药吧。然后他告诉我："丁师父，很有意思哎！"我说："什么意思啊？""他讲他在达摩洞前面打坐"，怎么怎么……我说："真的吗？"丁师，我们请你报告这个经验。这个不是爱表现，是讲实际的经验。我告诉你，如果当时我在旁边一点，你不得了了，你今天会飞过来了。好好，请你先讲一下，我来点香供养，供养你一支香。

僧丁：我曾经出过车祸，被车撞了，腿受伤，现在已完全恢复。出了车祸以后呢，住了一个月医院，正是非典（SARS）的时候。然后到一个下院里养伤，养了一个月，回去没事就锻炼腿，这个腿要锻炼，不锻炼恢复得很慢。所以天天锻炼，爬到达摩洞的时候，洞门口挂了一个牌子介绍，叫"五行朝天"，我以前没学过，少林寺师父都知道，介绍达摩洞什么"五行朝天"。

南师：有图吗？五行图？

僧丁：没有图，只是文字，写了一个介绍。我说试一试吧，以前没练过，也没试，也不知道是咋回事。这时候就想坐一坐，出过车祸以后，心情好像突然一下比以前冷静了很多。在那里打打坐，面对着这个东边，这是上午的时候，太阳从那边起，刚好有个石凳子，石板。我就在达摩洞那个牌坊旁边，坐在那里，就把腿疼的地方扳一扳，试一试。

刚开始扳不上去，一扳上去坐了几分钟以后，就感觉这个手心、脚心像针一样地扎，痛得很，扎得很难受。难受以后有光线，刚开始是点状的，繁星一样的，一点一点地往里钻，感觉骨头里痒得很，摸一下也不是皮肤痒，骨头里面酥酥的，痒痒的。慢慢慢慢地，它就成了那个毛细血管的那种，慢慢慢慢往里跑一样的。跑了以后呢，就成柱子了，特别是头顶这一块很明显，头顶这一块是最敏感最敏感的，敏感得很。以后呢，刚开始好像是心窝这一块，特别特别的是发胀，是最难受的，揪的，里面像撑一样的感觉。

南师：没有错。

僧丁：撑得很难受很难受，然后突然一下，不知道身体一下定住了，好像一阵风刮一下。

南师：你都跳动了？

僧丁：不是，突然坐在那里一阵风刮一下，人动不了了。

南师：呃，对对对对。

僧丁：风刮一下人动不了了，然后肚子就成了光柱子，那个点，刚开始不是很清晰，带黑色的，慢慢慢慢就变发灰，灰色的，以后就变那个蓝色，慢慢慢慢，颜色也不断地换，有五种颜色，然后，一起下来。

南师：最后是变蓝色的。

僧丁：对，变蓝色。然后往肚子里，肚子里始终有个现象，跟那个拉肚子一样，咕噜，呼呼呼，在里边像刮风一样的。一会就不行了，肚子疼，小肚子特别难受，想下来又下不来，定在那里了，动又动不了。

当时很难受，慢慢就想动，害怕，从来没有出现过这种情况，心里很紧张。一紧张呢，心窝这一块，就转动起来了，像一团那样的东西转动，动动动，里面在动，不停地动。手里边速度也快了，就感觉到那个力量很大，手就感觉光了很空，动不了。三五分钟左右，就害怕，心里有点紧张，一会儿工夫就出来了。二〇〇一年打坐的时候，小便出现很多颜色，有的红色，蓝色，黄色，各种各样颜色。

南师：对。身体皮肤有没有冒斑点啊？

僧丁：没有，但像牙膏挤出来一样，白色的，很黏稠那一种。

南师：很重要，所以叫你报告。听哦！丁师报告得很好，是一个经验，所以要他重新讲，我要给你们说明。像我昨天给你们讲，修安那般那，真修禅定，这些都会经历过的哦，这时，已经把六妙门搁到一边去了。

僧丁：昨晚上讲，我有个感受，我这个入手，是因为我看的一本书，不知道是黄念祖老居士还是谁的，看了以后念佛，刚开始念的时候，感觉到念头不是在心里念，后来，好像看了黄檗禅师的《传心法要》，之后念佛的时候，清清楚楚念佛就是“念”这个佛，从那一下突然好像转了身一样的。

南师：没有错。

僧丁：转过身以后呢，突然之间这些东西，光点和以前不一样，以前刚开始，各种各样颜色，到后来光是一团，或是一片，整个都是，就呈现这个状态。反反复复的，是这样。

南师：好！听到啊！昨天给你们讲的，都是这个原则哦。所以你们讲办禅堂，很重要哦，香板不是乱拿的，不要乱打。禅堂的堂主碰到这样，很好的机会都错过了。丁师父讲的这个境界，真修行打坐、修定，必然都会来的。

“十六特胜”讲到知息入、知息出、知息长短，还有什么？（答：知息遍身。）丁师父刚才给大家讲的这次经验，可惜他是瞎猫撞到死老鼠，用禅宗祖师一句话，“灵云一见不再见”，对不对？第二次没有再碰到。

真修行随时到这里，到了“知息长短、知息遍身”以前，就是这个境界，随便你修定的哪个路都一样。不管你念佛、修密宗，不管你参禅，不管百千法门，四禅八定是一条直线的路，大小乘必经过这个路，不然不叫做学佛修行了，身心一定起变化的。

变化一来，有时候碰上，像他这样碰上动不了。刚才讲到十六特胜，知息遍身，他还没有“遍身”哦，就发起来了。这个发起来不是鼻子的安那般那了，所以刚才跟你讲，“息”有依种息、报风息、长养息三种。长养息，是我们呼吸往来，是后天的；他这个叫“报风息”发起来了，已经不是靠外来的呼吸。他当时的经验没有注意，在这个时候，鼻子的呼吸差不多已经没有了，内在的呼吸起来，这是六妙门的“还”，回到胎儿的状态胎息起来了，是自己本身的功能。这个起来，变化是非常大的。

刚才丁师讲，肚子里头咕噜咕噜，好像拉，还没有拉，有时候这个情形起来，连拉一二十次的大便，最后拉的都是水了，拉一次舒服一次，那不是得病，是把你的身上的业气统统清干净了。然后，他当时感觉到头顶这里，自然有一个光灌顶下来。

僧丁：从头顶上下去的时候是一柱，到这个身体之内啊，好像成两柱一样的，两边的颜色不一样。

南师：对对对，最后是蓝色，所谓蓝色是同青天一样的蓝。

僧丁：对对对。

南师：这就是中脉气开始通了。好，注意啊！听了你的经验，你并不是想象的。

僧丁：看到，能看到。

南师：这些工夫是生命本来有的，你修持到了那里自然来的，所以叫你们听听经验。这一步过了以后，他当时就过去了，后来没有再出现。要是经常如此，才知道“知息遍身”，慢慢把整个内在气脉变化了，才到达“除诸身行”这一步，那么一定是变成青蓝色了。

所以你们要主持禅堂，带领后辈修行，他们工夫到哪里，一看都要知道。像他那个时候，心里有个紧张，自己不知道怎么一回事，放也放不了，身体外表僵硬了，里面变化很大。如果当下有个善知识过来人一点拨他，一接引他，再一放就好了，那境界就大了。这个时候需要香板轻轻一拍，告诉他放下！什么都不管，你准备死吧！一切放掉。哇！这一下变化大了，马上进入“除诸身行”，到达没有身体的境界了。这都是实际的工夫，修行不经过这样是不行的。所以修定做工夫要老老实实做，不是你去求的，想象是不行的。

谢谢你，给大家一个经验。休息一下，今天还没有正式开始啊！

第二堂

内容提要：

佛学的概论

永嘉大师

离心意识

流注生 流注灭

识的现象

六识在何处

五法三自性

八识二无我

刚才我说印度和中国有五部佛学大纲，对不对？我说宗喀巴大师的《菩提道次第论》，五乘道说得很好，对不对？我说中国禅宗早有了，对不对？你们怎么不问我啊？唉，你们听话都不会听。

你看永嘉大师《永嘉集》，又简单又明了，把五乘道讲完了。永嘉大师当时悟了以后，他著作了《永嘉集》，把五乘道由人怎么三皈依起，怎么样学佛、出家、修行，一路一路上来，要彻底做到，一直到止观完成，简单明了。

你看佛法到了禅宗大师们手里那么简单，把五乘道一下浓缩了，由修小乘声闻、缘觉，然后怎么修大乘，重点在后面两三篇，如何修奢摩他——止，如何修毗婆舍那——观。然后讲到“见道”完成了，最后证得“法身、般若、解脱”三个，翻来覆去，统统给你讲清楚了。

法身不痴即般若　般若无着即解脱　解脱寂灭即法身
般若无着即解脱　解脱寂灭即法身　法身不痴即般若
解脱寂灭即法身　法身不痴即般若　般若无着即解脱

这是最后的成就，都讲得清清楚楚，所以真正的六祖传承，最了不起的是一宿觉——永嘉大师。

用功方面，昨天给你们提到过，修摩诃止观的时候，“恰恰用心时，恰恰无心用；无心恰恰用，常用恰恰无”，都给你讲完了，然后到达大彻大悟的时候，才是永嘉禅师的《证道歌》。《证道歌》不要先读，一读了以后，你们拿到《证道歌》，前面工夫基础没有，就变成狂禅了。

永嘉大师是修天台止观开始的，他悟了以后，无所印证，从浙江温州到广东来见六祖。这条路不晓得他怎么走法，要多少时间？那时是走路哦，没有飞机也没有火车，起码走两三个月吧！

见到六祖以后，两个对面只谈了几句话，六祖马上给他印证：“如是如是”。他得到印证了，赶快磕头告辞。六祖说：“天黑了，你回温州？不要那么急嘛！”他说本来是不动，哪有太急。六祖就问他一句话：“谁知非动？”他说：“仁者自生分别”，六祖说：是妄想分别出来，是不是啊？他答复说：分别也不错啊！六祖说如是如是，怕什么妄念分别，分别本身就是空。六祖留他在那里住一晚上，就回去了，所以叫做“一宿觉”。

但是你注意，他是天台宗的弟子，走的是修止观的路线，工夫到了，最后自己证到了，无所印证。所以这本书上，《永嘉集》后面有封信，不晓得你们看到没有？是写给他同学左溪玄朗禅师的，他也是天台宗的大师。（僧丁：对。）不错，读书还有点心得，不白读了。

左溪朗公劝他住山，他就回他一封信，住山闭关是想清净，如果此心未了，住在山里头也是烦的，风吹草动都会引起你的烦恼。此身已了，坐在闹市红尘中，一样是山林，没有分别。

《菩提道次第论》，或者《瑜伽师地论》，真的要读完，凭你们学力，不行啊！如果真要你们念《永嘉集》，你们肯发心研究一下，是有捷径可走。永嘉大师写《永嘉集》的时候，《瑜伽师地论》还在印度没有翻译过来，玄奘法师快把佛经带回来了；而宗喀巴的《菩提道次第论》比他更迟六百多年呢！

简单明了地告诉你们这些，匆匆两三天，原来意思是讲禅堂的规矩，这一切还没有讨论到啊！但我始终有句话要告诉你们，禅堂真要花钱重新修，要慢慢动才妥当，要是随便搞一个地方打打坐，你们现在那样就可以了。真要修一个完善禅堂，建立一个非常合法的规矩，就不要随便拿香板打人。有些规矩都不对了，都没有真修改，大家死守那个规矩，规矩也是人立的啊；而且一般丛林下的规矩建立了以后，就埋没了很多的人，因为有人用功刚刚对了，就说他不对，说他着魔了。或者像丁师父那个境界，认为这是魔障，不得了！所以做一个善知识的，不要犯任何一个错误。禅宗祖师说“我眼本明，因师故瞎”啊！

这几天当中，现在我们做个结论。见地跟工夫是两回事，你们回去真要研究，我还是借用一句老古话，“老王卖瓜，自卖自夸”，你就好好去找我一本原来老的著作《禅海蠡测》，拿在手上慢慢研究吧。

很多人说，“老师啊，我读过你的书”，我只是笑，或通常答复人家，“不要看我的书，上当的，我的书因为当年没有饭吃，写文章换饭吃的，骗人的。”你说我谦虚吗？不是，我是真话。

换言之，你要真修行，连佛的书都不能看，这是禅宗路线了，所以说不立文字，这些理论都丢掉。这几天我把佛法归纳，跟你们讲的这些，以禅宗不立文字来讲，已经立了文字！禅宗讲“明心见性”，后来变成中国全体的文化，儒家把它拿过来一变，叫“存心养性”；道家把它拿过来一变，为“修身炼性”，其实都是一个。

“心性”如何去明？如何去见？对了，甲师，你那个细声细气地问，禅宗叫我们离开心意识参，离开心意识怎么参？我答复你没有？我答复你了！离开心意识去参。我不是答复你了吗？没有？你这个笨蛋！我如果答复你，那还是心意识啊！是不是？

心、意、识三个阶段，在哪本经典上提的？知道吗？是《楞伽经》。刚才提到佛家讲明心见性，后来儒家拿过来叫存心养性；道家变成修身炼性。套过来又套过去。达摩祖师又叫你“以楞伽印心”，这个心，到底什么叫做“心”？佛学在学理上说的这个心，不是讲我们现在这个心，这是个代号，代名词。这个心是“如来藏性”；再把如来藏性拿掉，就是禅宗祖师讲“这个”。“这个”是哪个啊？不知道！

拿现在西方哲学讲，宇宙万有的本体，那个叫心；拿现在科学来讲，万有的功能，那个最初的能量，也就是这个宇宙的功能，那个叫心。这是个代号，也叫做“性”。

什么叫做“意”呢？拿人类来讲，婴儿生下来不会讲话，但在娘胎里头已经知道舒服不舒服。所以妈妈怀孕的时候，“唉哟，我这个孩子在肚子里踢我了，东踹一下西踹一下。”胎儿在肚子里干什么？为什么会踢妈妈？胎儿在妈妈肚子里和做梦一样，他也骑马，也打球，也开运动会，东动一下西动一下，他并没有老老实实在里头哎。十个月在里头，完全梦境一样，一下这个梦，一下这个境界，一下那个境界。

婴儿从生下来开始，饿了就晓得哭，凉了也晓得哭，那个就是“意”，没有分别心的意。这个意是心的第二重的投影，第二重的反射，就是婴儿头顶上这个“囟门”还开着，砰砰砰在跳的时候。婴儿那时只晓得哭，不会讲话，这时候第六意识有一点作用，还没有完全形成，所以婴儿这个“囟门”还开着，就是我们老百姓讲的天门还开。这时候健康的婴儿，抱着他时还笑，有时候会皱眉头。你还以为他真在笑，其实他这个身体还没有多大的感觉，在感受方面，“受阴”没有那么严重，他是在他那个境界玩，碰到高兴他笑了，碰到不舒服他难过了。这时只有第二重“意”，第三重“识”还没有。等到囟门长好了，头顶封好才开始讲话，第六意识形成了，分别心起来了，这叫“识”。

心、意、识，拿科学、医学告诉你们，很清楚。我们现在用的，一切思想、一切的动作，都是“识”的作用。“三界唯心，万法唯识”，所以“妄念”就是“唯识”的作用，第六意识是第三重的投影。所以离心意识还参个什么啊！那早就成功了。这是祖师的教育法，有意瞒你们的，给你们遮住，要你们自己蹦出来。

譬如刚才丁师讲的，受伤以后，在达摩洞前面，偶然做做样子，把脚盘一下，那个时候气动起来，唯心生命的本能发动了，也不是他有意造的，也不是分别心起来的。当你念头空了，分别空了，意识清净了，不做主了，生命本来一切唯心的功能起来，就能够证到“三明六通”。所以此心具足万法。

因为你放不了分别意识——第六识，也放不了那个主体的“意”——第七识，所以叫你修定你定不了，第六识妄心、分别心在外面乱飞，只好利用安那般那呼吸法，把它骗回来，把分别心归到一点上，最后这一点也不要了，自然清净。归到清净以后，得止得定了。

这是好可怜的方法，没有办法啊！想把这个妄心清净，离心意识就对了，离心意识就成功了，离到哪里？没有离，心意识全体现成，全体现成的境界叫“如如不动”。

所以我赞叹中文翻译之高明啊！两个“如”字，你们都学过中文，讲明白了，什么叫如如啊？就是差不多像那个样子，像那个样子叫如如，好像很空很清净，其实你觉得清净觉得空，已经不空了。

刚才丁师报告的，他那一天坐到达摩洞前的境界，你们都听到了，他是用心意识来的吗？不是。那他知道不知道呢？你们说！（答：知道。）知道就是见闻觉知，一切现成具足的，也就是不起分别的本有的功能。如果妄念杂想不空，空性就不现前；但自性本自现前，自己认不得罢了。

学禅宗，尤其少林的弟子们出来，更要抓住《楞伽经》，所以达摩祖师吩咐“以楞伽印心”。《楞伽经》中有一位大慧菩萨，大慧是谁啊？大慧就是弥勒菩萨，你不要被佛经那些名号骗了。

那么，晓得了心意识，所以《楞伽经》中，大慧菩萨先提出问题问佛，“诸识”，一切的心意识，心念感受活动，有几种生、住、灭？各有两种“生住灭”。实际上，后来教理上讲四个字，古道讲对了，叫“生住异灭”。这个“异”字可以不要，由住到灭，都在变化，异就是无常的变化。在人的生命过程中，生住异灭叫生老病死，在物理的世界叫成住坏空。其实不需要坏，“成住空”就是由住到空，当然变坏了才空。“生老死”三个阶段，病字不需要，由生到死，经过当然有病态了。

佛说诸识生住灭各有“流注”与“相”两种情况。“流注生，相生”，“流注”是行阴，这股动力一来，无明念一动，现象就起来了。譬如刚才丁师讲的，坐在达摩洞前面，那个境界来，他并没有去用功哎！他正在受伤，休息一下，看了这个“五行朝天”蛮好玩的，试试看。结果他多生累劫修行，那个功力的习气业报，一下碰上来了，他的习气流注，那个行阴过来了，现象就出来，所以是“流注生，相生”。

住也是两种，“流注住，相住”，譬如我们修定，那个行阴的流注，念念都在定中，你就产生四禅八定，各种定力的境界。

灭也是两种，“流注灭，相灭”。所以讲修行，重点在这个五阴里头的行阴，行阴一切断了以后，一切皆空。

这不是很简单吗？佛都答复你了，你们去看《楞伽经》原文。你们这部经也没有去摸吧？一定没有去摸。咄！白剃了光头。佛及祖师都吩咐你，把宝贝都给你了，你不去找。

这段就在《楞伽经》开头，你只要去看开始那几页，统统在内。《楞伽经》开头有多少个问题啊？（古道师：一零八问。）对了。这个半僧还记得，我将来刻个图章给他，他现在是一半和尚，一半不是和尚。一百零八问，佛答复了问题吗？半个都没答复，但他又都答复完了。

一百零八问，问的什么？大慧提的很多，像这个窗子上，有多少灰尘，每一颗灰尘是怎么构成的？连这个都问，乱七八糟，天上地下的事情都问，科学的、宗教的、哲学的都有。佛听了半天，只用一句话说心说性说相答复，实际上就是“一切唯心，万法唯识”。如果要这样详细分析问，问一万年也问不完。这是心意识所造，所以他给一个总的答复，这是《楞伽经》的秘密。

首先大慧菩萨提出来问诸识，心意识的识，不问心，不问妄念。问诸识有几个现象？佛说三种：“转相，业相，真相。”

“转相”，出家修行，成道成佛，你以为修行是修个什么，就是把无始以来的习气，清理干净，一转就是佛。一切众生皆是佛，为什么变成六道轮回的众生？也是这么反过来一转。

“业相”，我们生命活着这股力量，都是业力的作用。业分几种啊？甲师，你不是爱研究吗？（甲师答：善、恶、无记。）对，业分三种“善业、恶业、无记业”，归纳性的。我们一切众生随时在无记中，昏头昏脑，什么都不清楚。所以你们诸位学佛，有缘坐在这里的人，也不是一生两生修过的，过去都修过，不过迷路了，无记忘掉了。所以，只有

“转相、业相”一转过来，明白了以后，原来就是佛，自性本来清净的“真相”就呈现了。

你看你们也学佛，我也学佛，比你们搞得清楚吧！明明我们都说皈依南无本师释迦牟尼佛，一切众生共同的老师，只有一个释迦牟尼佛，老师都告诉我们了，老师的东西都不听，都不记。可是我怎么会记啊？因为有记，才不落在无记中。

第二个问题问了，有几种识？关于“心意识”，我刚才讲，心是本体，意是我们起来的念头，识是发生火花的作用。佛说三种识，“真识，现识，分别事识”。这是简单地讲大原则，只有三种；如果详细地分别，就是八识了。

“真识”是真的自性，本来有的，这是唯心。

“现识”，我们有这个身体，有六根眼耳鼻舌身意，有山河大地、宇宙万有，这个作用是同一个本体的现识，现量境界。

“分别事识”就是我们第六意识，有分别之识。分别有什么不好？妄念有什么错啊？所以昨天告诉你，妄念自性本空，你去空它干什么？它空你的。所以永嘉大师说分别也不错啊！那你们今天剃了光头，离开父母出家成佛，不靠第六意识来修，靠什么来修？就是靠第六意识！分别清楚了才好修啊！所以到达第六意识一放下，本来清净的真如自性，真相就在这里。

有一点告诉你，现在讲唯识学的，说第六意识在脑里，根本是一塌糊涂的错误，不要听他们乱说，统统搞错了。我常笑，八九百年的唯识学家，乱七八糟的懂个什么！连有些学密宗的也乱讲，说第六意识在脑子里，脑不是第六意识，是身识的一种，不过第六意识也通过脑起作用，是不错的，但第六意识不在脑里头。

你翻开玄奘法师《成唯识论》就知道，这第六意识不在身上，当然不在脑子里。你看艺术家画的佛像，圆光有多大，大概是两手臂画个圆那么大，我们第六意识都在这儿。譬如你正睡觉，我在这里一叫某某师，你那里就应了；就是瑜珈，就相应了，就有交感。所以第六意识无所在、无所不在，内外都有。

佛都清清楚楚告诉我们了，后来“唯识（法相）宗”，就是把这八个识翻来覆去在转，转了半天你越转越糊涂。再被佛学家一讲，统统不知道了。然后说，喔哟！“唯识”很高深哟！高深个啥！

整个讲唯识法相学，以《楞伽经》为根本，《楞伽经》告诉你的法门，只有这个路线，什么路线？“五法三自性，八识二无我”，所有佛法全部大要，统统包括了，告诉我们了。“五法”晓得吗？谁记得啊？记得赏吃一颗花生米，记不得你们要供养我花生米。（答：名、相、分别、正智、如如。）

“名”就是丁师讲的“概念”，代表一切观念，都是妄念起来的。“相”是一切的现象，都是外境。“名、相”怎么来的？是“分别”而来，一切学问，包括一切佛学，都是第六意识分别出来的。“正智”是不起分别的，也不会被名相骗走，自己清清楚楚。般若智起来，就知道自性本空，“如如”不动，不要你去修的，当下就是，证到“一念不生全体现”

境界，也就是佛境界。

五法就那么简单，连出家都不要出家，当然更不要在家了。剃个光头出家着相了，穿了这个衣服，这不是“名相”吗？那我在家呢，更着了名相，这一切都不是。所以古文告诉你，不要“循名执相”，不要跟着概念，被一切的现象骗走，要一切不会受骗才行。

所以另一个地方记载，有人问我们的达摩祖师，“师父啊，你到我们中国来做什么啊？”达摩祖师怎么答复，你们晓得吧？嵩山下来的应该知道啊。他说：“我找一个不受人骗的人，不受人欺的人。”这个话很对了。找一个不受人欺的人，也不受人骗的人，本来清楚的人。

什么叫“三自性”？唯识学上叫“三无性”。就是“依他起性，遍计所执性，圆成实性”。我们一切心理作用都是由外界引起的，这个外界不一定是物理世界啊！有时候我们坐在那里，没有事，忽然想到什么，马上就行动了，那个心里的外相起来了，分别心起来了，就是依他而起。做工夫的人，我常常引用吕纯阳的诗，他也是学禅的，讲得很对：“丹田有宝休寻道”，自己气脉通了，精神很好，还修炼什么丹道啊；“对境无心莫问禅”，不依他而起，对境无心嘛，你本来清净的，本来没有事。

所以一切是依他起性，我们从婴儿开始，受外面的教育，受父母的影响，都是依他而起。于是人就构成了一种思想，以脑子的习惯思维，中文、英文、法文，这些文字教育，你所加上的，都是给你污染的，依他而起。依他起了以后，抓住了，执着了，主观成见就起来了，所以佛学就包括了“五见”（身见、边见、戒禁取见、见取见、邪见）。

五见属于“见思惑”的“见惑”。“身见”，有身体的观念；“边见”，不落在空就落在有，或者有个中观，都落在边见了。世界上哪里是中啊，有中也就有边了。“戒禁取见”，尤其宗教都落在戒禁取见，认为这个不应该，那个不应该，没有应该不应该；这个戒，那个戒，你本来无戒的，本来清净的，那个才是大戒，那个是菩提心戒了。戒律和规矩是人设的，所以立个禅堂的规矩，要守禅堂的规矩，也就是戒禁取见。“见取见”，主观的成见；“邪见”，歪的偏见，邪就是歪的。这“五见”哪里来的呢？“遍计所执”，就是说，你都抓得牢牢的，如果能够不依他起，了知一切本来空，没有一法是固定的，遍计所执就清净了，本来圆成实性也现前了。

八识暂时就不多讲了。至于“二无我”，就是人无我、法无我。你们修行用功修定，证到了“人无我”，身体也空了；昨天讲的十六特胜，知道这个境界，工夫做到时，身体也没有了，我也没有了。人无我以后，也要“法无我”，一切众生都是佛，平等平等。

懂了吧？这就给你上了《楞伽经》的课啰！一部纲要都给你们讲了。那用什么方法修呢？佛说：“无门为法门”。所以十地菩萨在《楞伽经》里头，一地都没有地，也就是说，初地等于十地，十地等于二地，二地等于八地，八地等于六地，六地等于五地，结果搞了半天，什么都不是。所以《楞伽经》告诉你，佛有死亡没有？没有啊！“无有佛涅槃，无有涅槃佛”，涅槃自性，本来在这里。

第三堂

内容提要：
如何对付妄念
人身上的气脉
有形工夫
禅定工夫

我们到昨天为止，所讲到的大概是一个路数。第一，只是简单明了，从理入告诉你们，“直指人心，见性成佛”，这些是见地的道理，并没有真正详细解说。第二，见地以后，有关自修的工夫，讲到修安那般那、白骨观，这两个是配合的。像丙师，他学白骨观有一些心得。到时候，白骨观与“出入息”两个路线，成就是一样的。换一句话说，修安那般那（出入息），是了四大当中，从“风大”入手的路线；修不净观、白骨观是从“地大”来的。当然还有些人修水观，是修“水大”过来的。密宗讲修“拙火”，是由“火大”观来的。

也有人修密法，专修空观来的，在嵩山也可以修，但在峨眉山、五台山、喜马拉雅山顶，那里打坐不是这样坐的，最好是用“狮子坐”法。狮子坐是狗的坐法，动物坐法，两个脚底心一靠，平的，不需要坐垫，眼睛看到虚空，跟虚空合一，忘掉了。这叫狮子坐法，坐在山顶上修。丁师！前面腿放远一点，两个手在两个脚中间，头这样对着虚空，不要翘起来。高山顶上，万里晴空，人统统忘掉，这样修空观。

地水火风空，修五大观，各有区别。整个的修行方法，《楞严经》二十五位菩萨的圆通法门和《圆觉经》上十二位菩萨，都是报告修行经验。其中有修止、修观、修禅那；

“禅那”跟“止”两个怎么配；“禅那”跟“观”怎么配；“止观”跟禅那怎么配，翻来覆去二十五个，这都是方法论。这是讲工夫方面。

我们现在，到今天下午为止，还是需要在基本见地上先搞清楚。刚才提到《楞伽经》的要点，“五法三自性，八识二无我”，讲唯识法相离不开这个原则，如果讲般若，一切都扫掉了。

我希望大家回山注意，直接走心地法门，走禅宗直接的路线来，只讲见地，修心性法门为基础。注意《圆觉经》十二位菩萨报告的修行经验，尤其中间有两段最好，是大家用得到的：“居一切时，不起妄念；于诸妄心，亦不息灭；住妄想境，不加了知；于无了知，不辨真实。”都看过吧？（答：看过。）记得吗？（答：记得。）好好去体会。

“居一切时，不起妄念”，不起分别，不起妄想，“于诸妄心，亦不息灭”，但是妄想起来，不要压制，也不要切断，它本空的嘛，它自己会跑掉，谁能把一个妄念永远留住啊？留不住的。“住妄想境，不加了知”，不增不减，妄想过了它本空，就没有了。本空的那个心境界，就不要再怀疑，“哎！这个对了没有？”这就完了，这又在妄想；所以不要再起妄想，清清楚楚。平常如此用心，再加上修禅定，就会到家了。

《圆觉经》上还有个很重要的句子，关于妄想的问题，佛经都告诉我们了。“知幻即离，不作方便；离幻即觉，亦无渐次”，妄想一起来，你知道是妄想，妄想就已经跑掉了，还要你去灭它吗？不需要借用另外一个方法。“离幻即觉”，没有妄想，自己本来见闻觉知清清净净的，“亦无渐次”，这个里头没有什么次第。

甲师这个孩子，拿一大堆问题来，这些问题都已解决了，我看都不要看。你这样搞问题搞下去，你来生再来吧。

“居一切时，不起妄念；于诸妄心，亦不息灭；住妄想境，不加了知，于无了知，不辨真实”，能这样就对了。“知幻即离，不作方便；离幻即觉，亦无渐次”，当下圆成，也就是“圆成实性”。

你们这一次山上下来，辛苦跑到上海来上当，跟你们玩了几天，大概这样可以回去了，没有事了。有事没有事？当然有事！因为修行不是一天两天，如何把这个父母所生的身体，修证成果，那是一步一步的工夫了。那必须是四禅八定的路线，除此以外，没有第二条路了。也就是《楞严经》上两句话：“方便有多门”，方法很多；“归元无二路”，回家只有这一条路。

昨天大概给你们讲了修安那般那，要真的用心去修，要完成四禅八定，最后再丢开，以我的经验，除了走安那般那、白骨观这个路线以外，其他的方法我懂得太多了，告诉你们，那些都是闲家伙，闲家具，听懂了吗？我那个百货公司里头什么都有，但是我都摆在那里，放在那里让它烂的，因为都是次级货。正统所卖的，是释迦牟尼佛这个店里的安那般那，不净观与白骨观。这两个一配合，一下就到了，再没有比这更好的方法。这是讲修证的工夫。

依我八九十年的经验告诉你们，不敢说遍学一切法，从十二岁起，到现在几十年，接触的人，看的学的，什么旁门左道、外道都知道；我们本师释迦牟尼佛，在大小乘经典再三告诉你，只有这条捷路，非常快。要转化身心到“即身成就”或者是“即生成就”，只有这条路。你不相信的话，就去冤枉走吧！三大阿僧祇劫，慢慢去转吧！白转的，很辛苦。

昨天讲了修安那般那，这个也是瑜珈，瑜珈的意思叫相应，身心相应，身跟心互相交感。扩大一点，就是人天相应，人乘道与三界天人——欲界、色界、无色界沟通。最后融化了，而心物一元，这就是瑜珈，就是禅的一种。

既然说完了瑜珈，我就问少林寺的同学们，三脉七轮清楚吗？不清楚，只好简单地画了。至少我有一本书《静坐修道与长生不老》，你们没有看吧！中医道家的十二经脉、奇经八脉，印度瑜珈的三脉七轮，这些气脉路线，在这本书上大致都画了。印度注重的三脉七轮，同中医道家所注重的十二经脉、奇经八脉完全不同；三脉七轮是修定的境界。刚才你们不是听我跟丁师两个对话吗？他到的那个境界，我说你最后一个蓝光下来，他说对。中脉是蓝色的，所以中脉通了，你就一片光明，跟站在高山顶上，像喜马拉雅山顶万里无云那个蓝天一样；也和科学家到了太空所见的那个境界一样。所以蓝天是青蓝的；颜色是没有究竟的黑，黑的不过是深青色。

僧丁：下面是水一样。

南师：那个是偶然的境界。你为什么当时看到水一样的呢？下面的“水大”还没有化开。

这一条中脉，由头顶的囟门，中间靠后脑一点点的地方，与虚空连下来，一直下来通到海底。男性的海底，位置在生殖器和肛门之间，这里有个三角形的地带。所以密宗的“曼陀罗”，画个三角形，四角形，都是身上气脉要点。这时与中脉连起来，从左边下来，同左边的鼻孔有关系，一直下来，通到人体右边的睾丸，这是左脉。右边的头顶一路下来，通到人体左边的睾丸，这是右脉。右脉同肝、胆、肠、胃，有绝对的关联。大便不通啊，肠胃问题，这个右脉是重点；漏丹、遗精啊，同左脉有绝对的关联。

有没有人问，这是讲男的还是女的呢？一样的，没有男女的差别。女性修持到某一个阶段完整了，是一样的，外形没有变，看起来是女性，里头气脉走的路线是一样。女性海底跟男性长得不同，可是那个三角带海底的作用还是一样。

所谓七轮，印度文化叫“轮”，西藏密宗就是印度文化，也叫“轮”，我们叫部位，七个部位。“海底轮”上来是“脐轮”，肚脐。再上来是“心轮”，又叫“法轮”，再上来是“喉轮”、“眉间轮”。所以你们修持气脉对不对，一看相就知道，你看每个人脸上都不对。说你在闭关，你在修行，哎呀！了不起啊，供养啊！那是骗人的，一看连修行的影子都没有，还不要说真的，一看就明白了。所以佛经上告诉你，叫你观佛眉间，观佛顶髻，都不是白搞的。“顶轮”在头顶，离开顶轮约二寸，是“梵穴轮”，是跟三界虚空合起来。所以修持到打通了梵穴轮，与大梵天合一了，清净了。这样叫“七轮”，七个部位。

只有左右中三条脉吗？不是，你看《佛为阿难所说入胎经》，佛告诉我们，人身有七万多条脉道，气脉走的路是七万多条，这个讲的是大体。这个业报之身的组织，太奇妙复杂了；现在的科学都还没有弄清楚。这个气脉之学，不是解剖尸体能够知道的，因为人死了，气脉也没有了，只看到筋肉骨头。

这是平面简单的“气脉”。七轮，肚脐起到海底到两腿，六十四根脉，粗的。所以打起坐来，腿麻，坐不住，那是因为腰以下到海底根本不通，要是打通了，两个腿发乐感，太舒服了，不肯起来。这六十四根脉是倒转向上面走的，不是下去。脐轮又叫“变化轮”，所以我们男女结婚，生孩子就变化出来人。会遗精，会屙尿，饮食会变营养、大便，都在“变化轮”起作用。

脐轮上来“心轮”八脉，又叫“法轮”。心轮八脉是向下的，和脐轮向上的六十四脉，这样是一重。你们买本解剖书看，那你看到心脏是一瓣肉一瓣肉合拢来。这样一个心，像没有开的八瓣莲花一样捆拢来。心脏大的是八瓣，详细的不止八瓣哦！

所以参禅、参话头，用功到达了这一重，脉解心开，开悟了。以密宗来讲，开悟的人，一定脉解心开，心脉打开了。我常常告诉你们，那个心脉打开，有时吓死你，自己会“砰”一下，好像心脏爆炸了，很可怕的，一下张开了。所以密宗讲，修到脉解心开，杂念妄想自然清净了。我们普通人讲话都是佛法的道理，像你开心不开心啊？我好开心哦！真开心，脉轮会打开的。所以普通形容，“万里青天无片云”。这些都是有相的工夫，就是修一切有。所以佛的弟子，这一派修行的阿罗汉，是“根本一切有部”，在律藏就可看到。

再上来到“喉轮”，也叫做“受用轮”，有十六支脉，我们吃东西、讲话、发音都在这里，前两天给你们讲，这个脉打不通，你妄念断不了，讲话喔啊喔啊……笨笨的，或者是发不出声音，一看，这个家伙的业力，就知道不行的。所以我讲甲师这个孩子，声音那么细，这个业力多重啊！就像刚才讲的《楞伽经》的业相，业力的现象就摆在这里。喉咙气脉打不通，那是多生累劫犯了口过的业报。

喉轮的受用轮完全打通了，自然一天到晚没有妄念了，见闻觉知都在般若智慧境界，妄念自然清净了，梦境也清楚了；有时候未来事情没有发生，都已经知道了。喉轮这里道家叫“生死玄关”，破了这里的生死玄关，工夫修到这样，可以“坐脱立亡”，打起坐来要走就走。所以我常常劝人家，你们不要谈学佛，谈修行修道，能够活着健康快乐，死的时候不要拖累自己，不麻烦别人，就是第一等人了。

你们搞禅堂，大家打起坐来，如果有个人修安那般那，坐在那里忽然啊……呃……如果你拿起香板啪！那你倒着魔了。这种打嗝的声音，假如有经验的大善知识一听，噢，这个家伙啊中饭吃多了，消化不良；或者这个地方，肺部不通了；或是什么情形，也都知道了；或者有功德，虚空中佛菩萨无形中给他灌顶，上面气一下来，他里头会起反应，气向上走，就发出声音了。就像在水边，丢一个石头到那个小水塘，石头丢下去，下面冒泡上来，这是外气进来，里面气冲出去接应，自然起这个作用，就发出声音。所以有修行的过来人听见，已经知道你工夫到什么程度，不会随便打香板了。

“顶轮”在头顶中心这里，是三十二根脉，顶轮和喉轮是一重（没有讲眉间轮啊）；脐轮和法轮一重；密宗是用两重“宝盖”来，代表身体气脉，道家用个葫芦代表，上面一陀，下面一陀，中间腰细细的。这个都是有相的，都是名相。其实名相也不错嘛！顶轮也叫大乐轮，头顶的脉打开了，就是道家说的，炼精化气，炼气化神，炼神还虚，还精补脑，长生不老。道家讲有形的工夫，就是禅定工夫。

还精到补脑，最后脑打开了，有形的，没有淫欲，没有漏丹了，得大乐。这个时候你打起坐来，两个腿通到脑，全身统统是快乐，快感就是舒服的，没有这里酸痛，那里麻胀，这里难受，那里不畅，而总是那么快乐。所以到达这个境界，不肯下座。依大乘菩萨戒，这里犯戒的，叫“耽着禅乐”，贪图禅定的快乐，不肯利世利众生，不起行做功德。所以小乘罗汉贪着禅定之乐，会挨菩萨揍的，叫他们下来！在过去的禅堂里，方丈要请当家请执事时，看你修行得好，就会说，不要再修了，请出来当家。他若不肯干，方丈就给他跪下了，下座下座！跟我去当家。一当家做执事就苦恼了，就要牺牲自我，没有时间修行了；所以说是不让你耽着禅定之乐。像辛师那个样子，管人又做事，就能够不贪着自己了。

有个同学名叫“定来”，福建人，好久没来看我了，定来到现在还是这样，冬天穿一件衣服，两个脚光光的，练得蛮好，傻里瓜叽，我很喜欢他那个罗汉相。有一天他来了，我说：“定来，你跑哪里去了？”“嗨呀，我跑泰国缅甸，学南传佛教习禅定。”

我说：“学了什么?”他说：“我知道了，初禅在这里，二禅在这里，三禅这里，四禅这里。”他一面说一面指着身上的几个部位。

我说：“他们就是那么传你的吗?你在南传小乘佛教练了三年回来，原来是晓得这些个部位啊?”很好玩，也有道理，不是没有道理。他说的初禅在眉间这里，二禅就是“天眼”的部位，三禅是囟门这里，四禅是头顶。修白骨观有个观法，要你心念集中在眉间；所以眉间轮和顶轮一打开，就与三界交通了。

现在把这些常识告诉你们，你们要长期研究，气脉之学深得不得了啊!而和你的身体业力果报，就是《楞伽经》讲的业相，都有密切关系。

你们现在听了，不要又被这个骗住了，拼命去研究。刚才讲五法三自性，不要又去执着名相了，你们要再搞这一套，就来不及了!只要好好修行，这些现象都会发生，都会看到，都会来的。不做工夫这些现象不会来，光在思想上研究教理，问这样的问题，你问死了也搞不清楚的，三大阿僧祇劫慢慢去修吧。

努力用工夫，气脉真的修通，这许多问题会解决，会找到答案。生命是这样一个现象，所以要“参要真参，证要实证”，真参实证，不是空谈理论；证，就是真做工夫实践求证。

现在先讲到这里，吃完了饭再来。只有一个晚上了，珍惜这个晚上啊!六点钟吃饭，还有半个钟头，玩玩，休息一下，你们听累了吧！（有人说老师辛苦了）我辛苦，嘿嘿，我怕你们听得辛苦哩！刚才丁师替人问一个问题，等一下讲。

第四堂

内容提要：

不漏丹

戒律

打坐的困扰

十六锭金

我们大家的聚会很稀奇啊！也很特别，也很惊喜。今天晚上一过，明天是各奔西东。

他们同学提出来，这本是中英对照的《达摩四行观》，在美国有人翻译成英文。美国同学发心印了很多，带来给我，我统统乱送，只剩一本了；你们带去，要印就把它印了。印了大家可以学英文，用英文讲禅宗达摩祖师的“理入、行入”。

这本是我过去讲的《般若波罗密多心经》，他们拿了二十本，要交给你们带回去做参考。另外这是一位印度瑜珈老师的录影带，李居士花钱请来教的瑜珈，练身体的，先交这个给你们收了。

先把这些事务性交代了，这叫“尘劳烦恼”，乱七八糟，堆得一大堆的灰尘。今天的时间差不多了，要给你们讲的讲不完。

禅宗祖师有句话，“学人不开口，诸佛菩萨下不了手”，你们这些学的人，也不开口。尤其是辛师，你打死他也不讲一句话，他就是不给你开口，诸佛菩萨下不了手。你们也没有什么好讲的，换一句话说，问不出来，不知道怎么问，是自己没有做过小偷，怎么偷也不晓得，没有经验嘛，怎么会有问题问得出来！

现在剩下来有两个问题，都是临时提的，一个是丁师吃饭前提的，他说有个朋友发什么 e－mail 啊，我也搞不清楚，叫他代表他问一下漏丹问题。

僧丁：转这个四大以前，是不是身体一定要不漏？他问了这样一个问题。

南师：对对对，一定要不漏，就是不犯淫戒，要守戒。所有的戒律，不论比丘戒、比丘尼戒，第一条戒是戒淫。比丘戒两百五十条，比丘尼戒更多，有三百四十八条。这个比丘戒，比丘尼戒，也叫“别解脱戒”。为什么叫“别解脱戒”，参过没有？佛教基本的戒律是“十善业道”，为了要想即生成就，这一生证得大阿罗汉果，了了生死，别解脱戒也是特别走的一条路。所以剃了光头换衣服出家，就是为了专修求证的，不是好玩的。

比丘、比丘尼戒，第一条先戒淫；菩萨戒第一条不是戒淫哦！在中国内地用的菩萨戒不大合理，因为用的是《梵网经》，那是佛在色界天，给色界天人说的，是秘密的境界。所以在中国西藏的佛教，采用的菩萨戒不是《梵网经》，而是《瑜伽师地论》里弥勒菩萨所说菩萨戒。

《梵网经》的十重戒，四十八轻戒，第一条戒杀，戒淫是第二条，次要的。弥勒菩萨的《瑜伽戒本》，第一条菩萨戒也不是戒杀，也不是戒淫，是戒“自赞毁他”。自己认为自己了不起成功了，就看不起别人，而且毁谤别人不对。你们要研究戒律，跟你们讲一讲戒律，讲起来闹热了，问题也多得很。

佛教除了普通流行的还有三皈五戒，八关斋戒。譬如我常常批评人，一般学佛的居士，学了八关斋戒，不敢坐高广大床。台湾当年有出家的师父来，晚上我叫他睡觉，他宁可睡那个板凳，问他为什么啊？他说，不能睡高广大床。我说，谁说的？他说佛经上说的，所以连床都不敢睡。我说："老兄啊，什么叫做床你知不知道？床就是椅子。"

我们唐朝以前，都席地而坐，日本人的生活坐"榻榻米"，保有中国传统。这种椅子是南北朝时传过来的，叫做"胡床"，是从西域这边传过来的。那个床是活动的，叫"交椅"，合拢来可以背起走。所以达赖的"坐床大典"，就是登位大典，翻译得不好，叫"坐床"。你以为真坐在床上吗？是坐在椅子上。

年轻人学佛，第一步守八关斋戒，不要坐高广大床，就是大位子不要一下就坐上去了；要学谦虚，坐小地方、小位子，不敢大模大样。他们弄错了，连高一点的床都不敢睡，这不是开玩笑吗？你们光晓得受戒，那个律师、戒师没有几个真懂得戒，所以不能够给你们讲清楚；他们书都没有读通，戒律也没有研究好，懂个什么！

而且戒律就是规矩，"开遮持犯"要清楚。譬如禅堂规矩，老规矩该废的，该"开"的；新规矩该"遮"的，重新建立，应该遵守的，就是"持"。有时候该犯的"犯"，并不是"犯"，而是时机地点不对。所以"戒性、戒相、戒行"各有不同。讲起这个太大了，讲戒到最后，都可以明心悟道的。现在有人讲五台山是戒律的道场，我说现在还真有懂戒的吗？

等于现在世界上的律师，很多打官司都败了，因为不太懂法律。有人是学法律的，反而不肯做律师，法官也不干，宁可学佛了。所以说，戒律谈何容易啊！

我们普通受三皈五戒、八关斋戒，然后成为近事男、近事女，等于居士。如果出家，受沙弥戒、沙弥尼戒、比丘、比丘尼戒，然后再受菩萨戒。由受沙弥戒起到受比丘戒，要考察三年。这是末期印度佛法，三年比丘戒以后，考察你的行为。出家人是从持戒来考察你，等通过了才受菩萨戒。"三坛大戒"，学完已经九年。为什么要停留那么久啊？随时考察你的行为，合不合戒律，就是合不合规矩，都满分了才可以。

后来中国变成一个月受完了，在头上烧个"戒疤"，原来根本没有烧戒疤这回事的，这是清朝干的事。因为明朝亡了以后，清朝怕人造反，怕人剃了光头是为掩护身份，所以给你烧九个洞，算是办护照。这是在吃苦头，说什么是燃身供佛，不是这么一回事。

在三坛大戒以后，还有最重要的是"菩提心戒"，概括了这一切，在家出家，已经学佛，未曾学佛，即将学佛，都要受。这个"菩提心戒"是最难的，学密宗特别注意菩提心戒。除菩提心戒以外，西藏密宗还有"十四条根本大戒"，我都受过，这些不同于比丘戒、菩萨戒。你们居士们听了不准出去乱讲，真的吩咐你们。事实上，密宗大戒我从来也没有讲过，他们跟我很久的，也没有听过。真的哦！杀、盗、淫都可以干，你会吓死了，原来是这么一回事啊！你说古不古怪？真正的奥秘当然不能给你们讲啰！只能大概提一点。

现在我们问题不要扯多了，讲一点点"戒定慧"给你们听，老头子吹牛随便吹一下都吓死你们。你们什么都不知道，学佛哎！佛是“正遍知”，什么都知道。

现在回来讲丁师替他的朋友提的问题。比丘戒第一条戒淫。什么叫淫？男女发生性关系叫“淫”。那意淫犯不犯戒呢？年轻人根本没有结过婚，漏丹遗精呢？佛又说，有梦之遗犯淫戒；无梦之遗没有犯淫戒，那是病。但是，无梦的遗精，也不一定是有病。譬如年轻人，十几二十几岁的，没有动淫欲之念，他到一定时间，个把月，二十几天就遗精了。这是精没有化，精不能化气，叫“精满则溢”，像茶杯一样，水装满了就流出来了；但是常常遗精是有病，不对的。这个遗精，在戒律叫做“漏失不净”，没有动念的不是犯戒。男女手淫都犯戒，已经动念了；意淫也是犯戒。

你去研究戒律，佛什么都内行都清楚，女性是怎么手淫？怎么样遗精？男性是怎么样，他统统清楚。你看了佛戒律部分，才觉得他老人家什么都懂，真叫做“正遍知”。

可是以道家修定修行，如果“童真入道”，成就很快。什么叫童真？以女性来讲，是十四岁以前；现在时代不同，提早了，十一二岁以前。也就是第一次月经没有来，还没有情欲的观念，这是童真。女性二七十四岁是标准，男性是二八十六为标准，现在也提前了，每个男性在十五六岁，自己两个乳头会发胀难过，有经验没有？还有记得的人没有？噢，你还记得。我自己也记得，到那个时候，不晓得怎么会有些烦躁，因为两个乳头发胀了，等于女性第一次月经要来，在这个发生以前，叫做童真。童真入道，很容易得定，很容易修行成功，这个时候，男女没有分别。

所以修定，修炼的功夫，这些是有为法，如果老中青修行，不管男的女的，先要修回童子之身，才能真正打开三脉七轮，才能通了“百脉”，才能得定，再证果位。严格地讲是这样，这是唯物方面来的。

所以修行守戒律，是非常重要的。譬如你们诸位，我不要你们答复，漏不漏啊？照漏不误。不过时间多一点，少一点。如果自己有意把它漏了，那严重了，那天天在犯戒，随时在犯戒。无梦而漏了，很轻微的犯，不算，但是马上要治病。

问题来了，“明心见性”跟这个漏精有没有关系？难道古代修禅宗的祖师们“言下顿悟”，都是不漏精的吗？不一定。达摩祖师没有告诉你漏不漏精的问题。你看达摩祖师要走的时候，说我要走了，你们给我提心得报告。有几个弟子，二祖神光是一位，还有一个比丘尼。

第一个讲的是道副禅师，达摩祖师一听，好，有心得，你得了我的皮。那个尼姑总持是第二位讲了，达摩祖师说，你得了我的肉。第三个道育讲了，达摩祖师说，你不错，得了我的骨头。每个好像都得了法。最后问到二祖神光，神光礼拜后一站，什么都不说。达摩祖师说你得了我的髓，所以，付衣钵给他。

你看看，为什么拿这个做比方？这就值得研究了。所以参究嘛！参，有疑情，这就值得怀疑了。为什么这位老人家，他好像卖猪肉的，专门拿一层一层解剖来讲？你得我的皮，你刮我的肉，你刮我的骨头，只有个二祖神光，最厉害，你要吃我的骨髓。呵呵！

我们身上，男女关系出精，乃至手淫做梦遗精，那个是“髓”，是“骨髓”，是生命四大之身最重要的。

那次我在厦门打七，古道师、癸师都参加，那个时候他们两个都是玩的，不真搞的。古道师还跟在我旁边帮忙，那些和尚吊儿郎当，有一个欺负我的，古道师怕我吃亏，就过来了，一把就把那人抓出去了。我想那些小和尚武功再高，要打我，我还不在乎。老头子一打就倒在地上，哎哟地叫，他就吓死了。古道怕我倒在地上，先过来把那个和尚一叼就走。我看到就问：“那是谁呀?”“他叫古道，少林寺学武功的。”“哎哟！那么好心。”

讲到打七，最后要结束了，那天晚上专门跟出家众讲话，好几百和尚尼姑参加，就讲这个淫戒的问题，除了跟我的几个居士以外，其他居士都不准听。出家众谁能够守得住戒？哪一个不在漏精？不过不讲而已！漏精道家叫做“漏丹”，就是把“丹母”漏掉了，了生死的骨髓漏掉了。金圣叹说此事啊，“人人都在做，个个不肯说”。大家都盖住在那里，如果拉开来研究戒律，就行了，问题是你能够守得住这个戒吗?

然后，男性年轻的，随时会有阳举的情况。我再告诉你们，我才二十几岁时，碰到袁先生，当时我们在灵岩寺打七，有一位姓马的师兄弟眉毛白的，叫“马白眉”，不晓得他现在还在不在。他是有名的税务局长，官做得蛮大，人也很有福相。我年纪最轻，是他们的大师兄，他们说我是掌门人，还说：“不得了，大师兄是开悟了。”每个都很怕我。马白眉跟我们一起打坐，本来坐七天，坐到第四天的时候，他就摸到我房间来，“师兄啊，我要下山去了，我不敢跟先生请假，跟你打个招呼，我走了，你跟先生讲一声。”

我说：“你不是公事都交代了吗！来参加打七，才只四天你怎么要走？不好意思吧！”他说：“不行！不行！”我又问他，“什么事啊?”“嘿！这个东西翘起来。”

我说：“这个东西翘起来，也没有什么了不起！”

“我翘了两天半了，昼夜下不去啊，呵，硬的。”

我说：“那怎么办?”

“拿湿毛巾哦，把它裹起来，拿冰把它包起来，格老子也冰它不死，他妈的，我就打它，东打西打越打越翘，没法子了。”

我说：“那你问先生没有?”

“不好意思，大师兄，我们什么都跟你讲，都要问你。”

我说：“这个啊，你问我，我有什么办法！那你回去干什么?”

“回去找太太去啊!”

我说：“哦，这样，你去吧。”

“师兄，你准啦?”

“我负责，你去吧。”

他就下山了。过了七八天以后，我们打完七下山，我立刻坐个车子跑去找他，一敲门，那个佣人就大声地叫，“局长，南先生来看你了。”在那个地方我还蛮有名气，所以四川人一提到我，把我当成四川人，马白眉就很高兴到门口来，“大师兄，你来了。”

“哎哎，我来不是来看你，我问你那个问题解决没有?”

“解决了，回来找到太太，当下就烟消云散，从此天下太平。”

我说：“还打坐不打坐？”“不敢打坐了，这个不得了。”

这是真实故事。这些故事很多哎，我本来想，你武功那么好，降不降伏得了，嘿！嘿！恐怕你武功再好，也降伏不了。所有的修行人，不管道家密宗都一样。譬如我在西藏修密宗，能是法师我们都很熟，他是能海法师的师兄弟，是那个昭觉寺清定上师的师叔。密宗的佛像有些是男女双身像，我问能是法师说：“你们观想男女双修的佛像，你观想得起来吗？你们观想，不漏精就怪了。”他就笑。我说：“你们观想成功啦？每个都在漏丹。”

“不错，是这个样子，那师兄你呢？”我说：“这有什么难？这都降伏不了，还修个什么！”

这是修行第一个关键哎！大家都不肯讲，这是很严重的问题。尤其你们年轻，你炼童子功，吸气把它提上来，即使你把两个睾丸收到小肚子里去了，同漏不漏丹还是没有关系哦！也照漏不误哦！而且把睾丸生殖器炼功炼到缩上去以后，你看看，那个人脸色是焦黄的，带黑色的，肝胆都出了毛病。换一句话说，有时候小便大便的浊气都提上去了，中毒了，所以不要乱提哦！

学道家、密宗的，有个“十六锭金”，很重要，你们听一听懂了，好好练，对身体特别好。方法是站立姿势，随便你马步也好，姿势一摆，“一吸便提”，鼻子一吸，下面就提上去，上面压下来，上下两个气接上，“气气归脐”，归到肚脐；“一提便咽”，上面口水咽下来，“水火相见”，这叫“十六锭金”。当年求这十六个字，那还得了啊！花了多少钱，磕了多少头啊！这有名的“十六锭金”，十两黄金一个字，就是那么珍贵，现在我都随便送给你们了。到我这里什么东西都不要，花了钱学来，懂了以后，肚子里哈哈大笑，原来如此！我早就明白了。

讲到你们练武功的，还有些法门，大概你们也懂，我都给你们指穿。世界上这些坏事我都清楚的，乃至两夫妻或者男女朋友，还炼双修法，要出精的时候，这个手一回转来，身体上某个穴道一抠，精不出来了，自以为没有漏。密宗也有这个法门，不但男的哦，女的身上也有个地方，要高潮出精的时候，自己一点就不漏了，真的回转了。这些我都学过，也会。但是哪个家伙搞这个，我一看脸色就知道，这是找死啊，非得肝病不可。

所以不管出家在家，不管哪个修道人来看我，你好你好！请吃饭，你工夫了不起……心想该死的家伙！你们听听这些，也许你们都碰到过。小朋友可以笑，你们不要答复我，我也懂，我也玩过啊！像这些，你就是不学，还有些朋友会来教你的哦！说这个法门好，教你搞这一套。

练气练内功要练到“玄关金锁”，把它锁住不漏精，谈何容易啊！所以道家在这一门的修法，有“百日筑基”，一百天打基础，不漏丹。漏丹是道家名称，是不漏精，“百日筑基，十月怀胎，三年哺乳，九年面壁”，十几年就修成了。

百日筑基，没有一个人修成。不到一百天，有时候刚好到九十九天。“喀哒”！又垮掉了，这是讲有形的。所以某大居士，有时候跟我说：“老师啊，我一百天都不漏了！”他的儿子十几岁，站在旁边说："爸爸，你一百天不漏，我还十几年不漏呢！"儿子还只有十几岁，我听了他父子两个对话，儿子讲得真好笑！哈哈。

修行谈何容易啊！丁师的朋友问，这个漏丹有关无关呢？譬如我的老朋友，贾老先生你们也听到过吧？讲禅宗的，现在圆寂了。他十二岁起，天天遗精的，身体坏到什么程度呢？连屙尿精都会屙出来了，身体坏透了。他也学道家、学密宗、学禅，当然很担心这个漏丹，结果活到八十几。我在香港的时候，他同妙湛老和尚一起来看我。可是很奇怪，几十年不见，他就送我一本书，他摸啊摸啊，口袋老半天摸出来，说是最珍贵的礼物。我打开一看，真的不得了！是黄教的密本，当年我们学"大威德金刚"时，如何用功的记录。

我说："老兄，你这个哪里来？我都没有了。"

"我在西藏拿来，我为了你，保存几十年。"问他："西藏谁给你的？"

"嗨，你不知道，你已经出来了，解放军解放西藏的时候，把我征用做翻译。"他做政治部的什么职位，官还蛮大。我说："你参加解放军解放西藏？""对，然后我到西藏，还给喇嘛活佛看病。"我说："你给他们谈佛法？""红教、白教都谈了。""这个法本哪里来？""在西藏，突然有个喇嘛找到我，说有个法本托我带去交给南怀瑾。"我说："那个喇嘛是谁啊？"

"唉，我一回头他不见了，我到现在搞不清楚他是谁，是个喇嘛给我的，而且指定叫我交给你。我留了几十年。"

我说:“真是最珍贵的礼物!”

所以这个法本我还是要把它印出来,都排好字在那里,印好把它线装起来,如果卖的话,一本一百万。这是当年我们真实的记录,都整理过的。嗨呀,我现在想想,这是当年我们哪一位师兄弟记录的,经过这个大劫数,简直不可能保存,除非是他编的故事,我说:“你不是编的吧?”“嗨,老兄,这怎么编呢?”

说起贾老先生一辈子漏丹,还生儿育女,还讲禅宗。他也有一点工夫,有一点见地,活了八十岁,此是一。

还有台湾一个道家,也是几十年漏丹,有遗精病,也活了七八十岁。拿科学医学来研究,这个漏丹同见地、修道工夫有关无关?你听懂了吧?我可没有给你下结论,结论我还没有下。我把这些资料都告诉你们,你看这个问题多大,是修行上的大问题。所以我也不问你们,看你们在身边,假装的也不错了。但是,虽然你们所有人做工夫练功,都还不如辛师好,他脸红红的,虽然血压稍微有一点点高,没有关系,我看他还比较对哦!

所以,如果以科学来讲,修行同这个男女关系,漏不漏丹的关系,是个大问题,这个问题谁要能够参通,差不多了。女性跟男性又不同,谁能够参通这个,那我可以封他做呼图克图,真的活佛了,真的大师了。你朋友托你问的问题,我只能告诉你这样,如果说问我,如何把这一面能够完全切断,而修到炼精化气,难了。你不像我那个同学马白眉,没有他的那种经验。

至于身体弱的,经常漏精的,我更告诉你一个秘密,释迦牟尼讲的秘密，连密宗都不讲，也不注意，只有《大藏经》律藏部分才有。佛讲男人出的精，有七种，青、黄、赤、白、黑、酪色、酪浆色，这真吓人，现在科学连影子都没有。譬如你们漏丹，白天一起来，裤子上那个差不多白白的，年纪轻的有一点印迹，年纪大一点就是白水，鼻涕水一样，那是身体不好了，那是一般凡夫。佛说的转轮圣王那个精是青色的，转轮圣王的太子精是黄色，转轮圣王第一大臣的精是黑色，犯女色多的精是赤色，修到阿罗汉那个精是酪色，至于说酪浆色，那已经是活着的舍利子了。

有些人的精，譬如有艾滋病的，有肾病的，精的颜色普通带一点黄的，所以男女内裤里头，都有点黄黄的，现在医学叫“黄体素”，都有的。但是有些女性过分黄了，这要检查身体，有问题了。女性有时有白带，是女性的病，也是漏丹的一种。女性的白带比男性更微细，有白带、黄带、赤带。赤带不是月经，那是有病了，或者是内出血，非常微细。

丁师，我只告诉你三分之二，没有给你做结论啊，做结论太难了，做结论我要卖钱的啊！其实不是这个问题，是要真修行的，慢慢再研究。今天晚上要分手了，你问的问题，这样答复可以了吧！所以讲戒律太难了！

第五堂

内容提要：

什么是漏

三脉七轮和六道

离别前

再说漏不漏丹这个事，漏丹这个是身漏，最严重，是眼耳鼻舌身意六根都在漏，思想、妄念全部在意漏。“一念不生全体现”，这就是六根不漏，才可以得“六通”，证大阿罗汉的无漏之果。

刚才讲的问题是“身漏”，身漏对于健康长寿，或者修道色身转化有关联，但还不是全体。所以刚才那个甲师跑来问要怎么样，我说你转个身再来问。像你这样一个衰弱有病之身，已经不谈这个了；整个的身体都不健康，你就赶快修白骨观、不净观，把这个身见先丢开。等到白骨观、不净观、安那般那修好了，没有这个身见了，直接走心地法门。那时不谈这个问题，就可以做到六根不漏。

所以前五通是天人境界，大阿罗汉境界在第六通“漏尽通”。一切无漏，圆满清净，这才是六根不漏了。你光问这个小漏！眼睛看到好吃的，爱喝酒的看到酒，那真是进入“无处不漏”。什么酒都喝光了，喝光了还打架，那就是酒漏，哪一点不漏啊！男的看到好看的女人，女的看到好看的男人，嘿，就算不看还要眼睛斜一下，早就漏了，邪漏！六根都在漏。大阿罗汉修到无漏果，六根一切清净，完全不沾。那不是戴居士跟李居士两个的对吹！你们把山都吹得垮，连少林寺的武功都抵不住。所以说不漏谈何容易啊！

有人吃过饭就跑来替你们问，不过他自己也想问：“老师啊，三脉七轮同四禅八定有关联没有?”我说：“当然有啊！和十六特胜密切关联。”换一句话，三脉七轮的脐轮以下这里，是欲界，所以漏丹不漏丹，都从这里发起来的。本来是往上，可是你漏了，就颠倒走了，也就是下三道——地狱、畜生、饿鬼。脐轮上来到眉间轮是色界；眉间轮上去无色界。

三脉七轮有关三界的气脉，是这样区分，可以这样向上，可以那样向下，看你本事修到哪里。这懂了吧？刚才讲到漏丹，脐轮的气脉打通了，就跳出了欲界，身体得乐了，但是大乐轮打开才真得乐。初禅叫离生喜乐，是脱离欲界的影响，生喜乐了，是十六特胜的“受喜、受乐”的境界。

所以，三脉七轮处处有问题，要好好参究。还有修白骨观，最后打开顶轮这里；可是要注意哦！后脑这里视觉神经的关系，到那个时候什么都看见了，你不要认为得了天眼通，要赶快关闭，闭不了赶快来找我，再不然找人给你扎两针，把它扎掉停住才好；如果往神通路线走，就走入五阴境界去了。每一步工夫同三脉七轮都有连带关系，反正天生有这个身体，身心两个一体，心物是一元的，所以都有关系。大概只能给你们讲到这样，听懂了吧？

又有人问了，三脉七轮同十六特胜的受喜、受乐有没有关系？有关系。所以十六特胜有个“除诸身行”；我也提醒你们注意，既然除掉“身行”，没有身体感觉了，身见没有了，后来怎么又有一个“受诸心行”呢？那个受是什么呢？这就不同了；因为到了“受诸心行”时，同这个“身行”连在一起，就到四禅境界了，是这样的道理。今天，我们这一会难得，到这里为止了，可以了，你们回去慢慢消化吧。

像这些问得好，如果不问，我也没办法给你们讲。你们学人不开口，永远像辛师一样，他也不问，我问他他也不响，他就跟我对抗起来了。嘿嘿，我最喜欢他坐在那里拿本书看的样子，很有意思。你说他是在看书吗？他根本不在看，拿本书弄弄弄。我怎么晓得他不看书？因为书掉了他也不管，旁边有一本再拿来，他永远在看书，书永远看他。

所以药山禅师不准人家看经典，他自己在看经典时，人家问他，“老和尚，你不准大家看经典，你怎么看经典？”“你们看经啊，把牛皮都看穿，我看经，是拿来遮遮眼睛的。”呵呵！辛师拿来遮眼睛。对不对？辛师啊！我判你的罪行承认不承认，服气不服气啊？他不说话，你拿他没有办法。

讲到气脉，忽然想起这顶帽子，你看这个玩意很好玩吧！（众笑）很像密宗讲的两重宝盖，脐轮上来到心脉，一重；喉轮和顶轮是一重。这帽子是他们到周庄玩买的，是树叶子做的，等一下我给你带回少林寺，晒太阳的时候做草帽戴戴，翻过来做官帽戴，你看多好的宝贝啊（众笑）！可是路上很难保存，碰到不对就碎了，要保护好，不保护好，气脉散了就完了。所以他问到气脉，就想到这个。你看这样一个玩意，变化万千，那么多变化，那么轻灵；那也是气脉问题啊！

教你们修安那般那，修到最高处如何，我们做个结论，引用禅宗达摩祖师的师父——般若多罗尊者的话，同安那般那有关系。

“祖因东印度国王请斋次，王乃问：诸人尽转经，师独为何不转？祖曰：贫道出息不随众缘，入息不居蕴界，常转如是经百千万亿卷，非但一卷两卷。”

“东印度国王请斋次”，“次”就是那个时候。东印度靠云南、缅甸、泰国这一边了。皇帝请千僧斋，请了这些和尚来，每一个和尚都在念咒子念经来感谢。“王乃问，诸人尽转经”，你看他们这些师父，嘴里都在念经念咒，“师独为何不转?”你嘴巴都不动，没有念哎，不念经不念咒。注意哟！看祖师怎么答！“贫道出息不随众缘，入息不居蕴界”，“蕴界”就是身体内外，空中来空中去，一切不停留，无着无住。“常转如是经，百千万亿卷”，他说我随时随地在转经念经，每天百千万亿卷啊！“非但一卷两卷”，不是念一遍两遍《金刚经》而已。你修安那般那，修到祖师一样，“出息不随众缘，入息不居蕴界”，那就好了。

这里要注意了，所以说起心动念，你们不是问到“心意识”吗?“心”，起心有意，“意”是心的第二重投影；“识”，分别意识等等，是第三重投影。每天你自己觉得心里妄想多，你已经了解一点点，至于有多少妄想你还看不出来。所以你们看看禅经，佛告诉我们一弹指之间，这个意识有九百六十转在变化，我们定力不够，只看到自己思想多，你还没有看到一弹指之间，这个意有九百六十转，昼夜之间，十三亿的意，每一意有一身。像中国的人口一样，一昼一夜，有十三亿的妄想在转动，你自己都不知道。心不自知，不知道自己在转，除非有定力有修持的才看得出来。所以你们闭关专修就搞这些，要查清楚，不是光在理上查清楚，要自己看清楚。

所以“识不自知，心也不自知”，自己看自己看不清楚，而“意”可以转成一身，变成一个身体。所以现在科学家在身上抽出来一个细胞，又可以变成一个人出来。“意”可以成一个身，所以修成功了，意念一动有百千万亿化身，叫“意生身”。

最后告诉你们这些道理，慢慢去参透，先把资料记住，不要靠本子。像你们靠本子记，太讨厌了。用本子记就不会像我一样，能够乱讲。我给你讲的时候，又不是看本子讲的！你们除了本子记，就什么都讲不出来，问你记得吗？你说记得。“在哪里？”“那个本子上。”那有啥子用啊！

好了，这是最后供养，用祖师的话供养你们大家。可以休息了，你们讲一点笑话给我听吧。不要磕头，不要顶礼，“是法平等”，你们明天上午动身吗？

古道：明天早晨八点半的火车。

南师：早晨六点钟就要去火车站啰！

古道：七点出发就可以了。

南师：明天晚上这个时候到嵩山没有？（答：到郑州。）到少林寺还要多少时间？对啊，你们明天，古道师、癸师你们两个跟着一路是吧？

这一次，什么禅堂规矩，如何主持，都没有讲。禅堂的问题，我看你们明年到庙港来看一下禅堂，当场在那里演习，再说啦！所以先叫你们不要随便花钱。噢！有一点，你要求的“禅堂”两个字，我给你写，会写“禅堂、参堂”，最好给你写一副对子，好不好？但是，我希望你们不要随便建筑，花了钱再拆掉，冤枉吧。宁可研究好，构想完备一点。

古道：那个禅堂还没有设计，在做基础。

南师：轻松一下，我们这里没有什么形式，不拘形式。他们明天一早走，就要早准备啊，早一点休息吧！

图书在版编目(CIP)数据

答问青壮年参禅者/南怀瑾讲述.—北京:东方出版社,2015.3

ISBN 978-7-5060-7906-8

Ⅰ.①答… Ⅱ.①南… Ⅲ.①禅宗—通俗读物 Ⅳ.①B946.5—49

中国版本图书馆 CIP 数据核字(2014)第 307663 号

答问青壮年参禅者
南怀瑾 讲述

责任编辑: 孙 涵 冯文丹
出　　版: 东方出版社
发　　行: 人民东方出版传媒有限公司
地　　址: 北京市东城区东四十条 113 号
邮　　编: 100007
印　　刷: 环球东方(北京)印务有限公司
版　　次: 2015 年 3 月第 1 版
印　　次: 2016 年 6 月第 2 次印刷
开　　本: 640 毫米×960 毫米 1/16
印　　张: 19.25
字　　数: 195 千字
书　　号: ISBN 978-7-5060-7906-8
定　　价: 48.00 元
发行电话: (010)85924663 85924644 85924641

东方出版社南怀瑾作品

论语别裁(上下)
话说中庸
孟子与公孙丑
孟子与离娄
孟子与滕文公、告子
原本大学微言
孟子旁通
孟子与万章
孟子与尽心篇

维摩诘的花雨满天(上下)
《瑜伽师地论·声闻地》讲录
金刚经说什么
药师经的济世观
圆觉经略说
楞严大义今释
楞伽大义今释
禅话
禅海蠡测
禅与生命的认知初讲
南怀瑾与彼得·圣吉——关于禅、生命和认知的对话
禅宗与道家
答问青壮年参禅者
定慧初修
如何修证佛法
学佛者的基本信念
中国佛教发展史略述

老子他说(初续合集)
庄子諵譁(上下)

列子臆说（上中下）
我说参同契（上中下）
易经系传别讲
易经杂说

静坐修道与长生不老
道家、密宗与东方神秘学
中国道教发展史略述

小言黄帝内经与生命科学
漫谈中国文化——金融 企业 国学
廿一世纪初的前言后语
南怀瑾讲演录 2004—2006

亦新亦旧的一代
人生的起点和终站
历史的经验
中国文化泛言

Basic Buddhism：*Exploring Buddhism and Zen*（《中国佛教发展史略述》英文版）

Tao and Longevity（《静坐修道与长生不老》英文版）